ロマノフの消えた金塊

上杉一紀
Kazunori Uesugi

TOYO SHOTEN
SHINSHA

食糧保管車を備えたチェコスロヴァキア軍団の列車ホテル*

ウラジオストク入港中の米艦ブルックリン*

白軍ヴラーンゲリと妻

本野一郎　日露の提携強化に尽力

白軍デニーキン　ドン地方で善戦

*北海道大学附属図書館所蔵

浦潮派遣軍司令部*

連合各国派遣軍の合同パレード（ウラジオストク）

軍旗を捧げ持ちウラジオストクを行進する日本軍*

アメリカ軍の病院列車（ハバロフスク）

アメリカ軍の上陸式（ウラジオストク）*

日本軍が鹵獲した革命派の装甲車*

「カザンの保管庫に積まれた金塊」とされる写真

田中耕太郎　日本海軍有数のロシア通

駐日英国大使グリーン

勝田主計　朝鮮銀行飛躍の後ろ盾

樋口季一郎　軍命で浦潮日報ロシア語版を創刊

ホルヴァート（中央）中東鉄道管理局を統括

白軍カッペリ　革命に反対しサマラで挙兵

若き日のコルチャーク

オムスク政府軍幹部に囲まれる最高総司令官コルチャーク

座るコルチャークと脇に立つ英派遣軍のノックス将軍

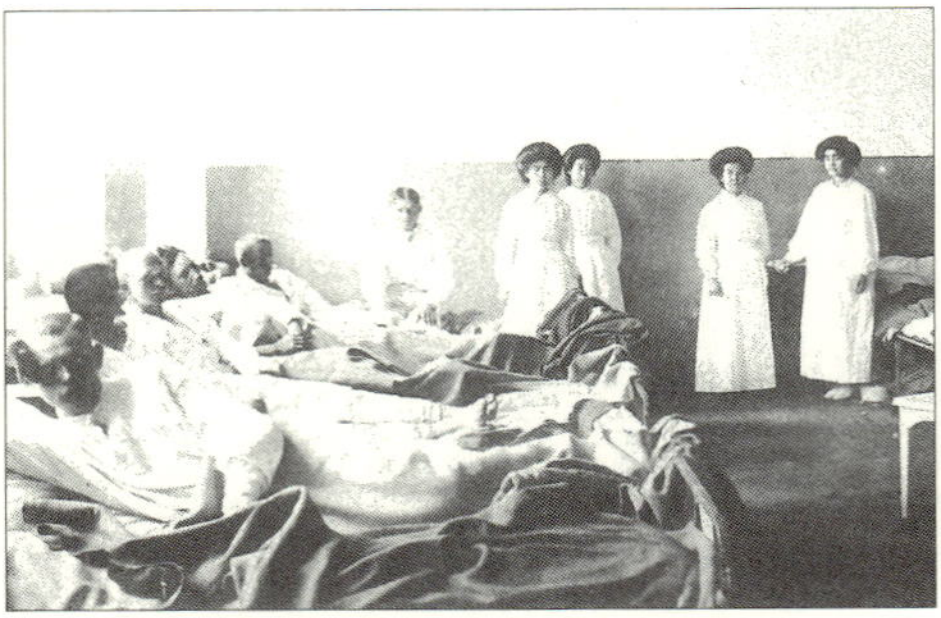

入院中のチェコ軍団傷病兵と日本海軍救護班の篤志看護婦たち*

コサック頭目セミョーノフ　金塊流出に深く関与

第五師団長鈴木荘六　チタの陣中日記を残す

大井成元　第一二師団長としてハバロフスクに降り立つ*

白軍コルニーロフ　二月革命政権下で左派排除を狙い蜂起

草間秀雄　大蔵省ハルビン駐在として金塊情報を収集

原内閣蔵相の高橋是清(左)と同陸相の田中義一

進水直後の国産砕氷艦「大泊」（神戸港、1921年）

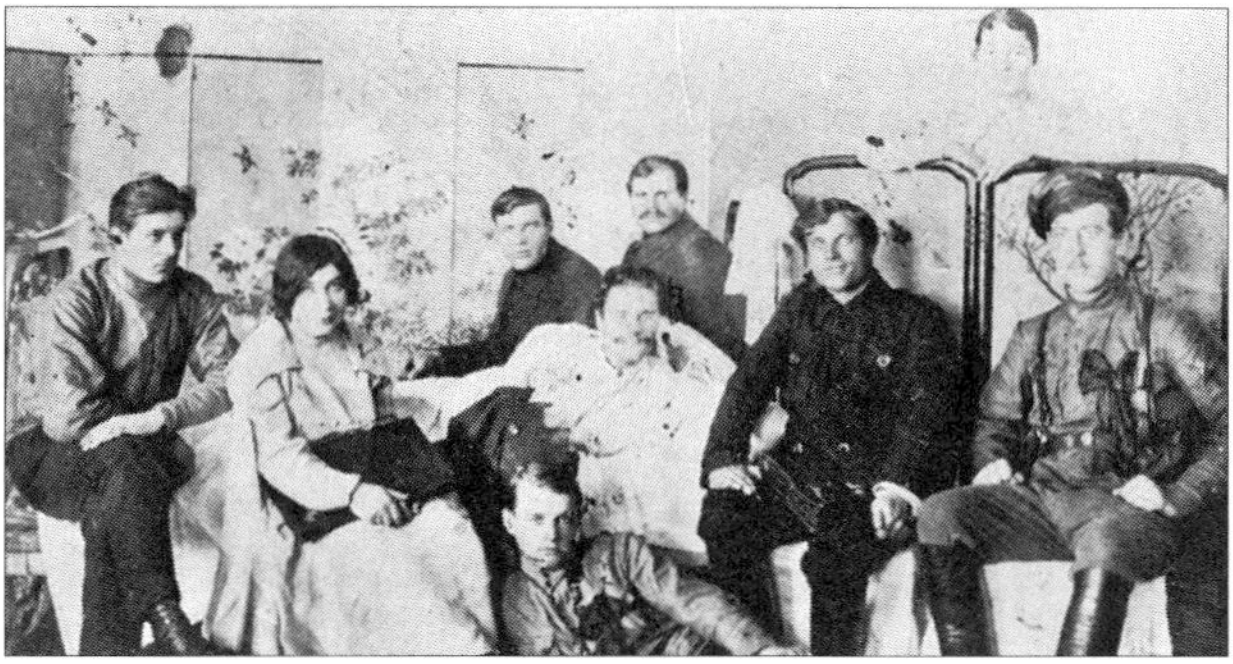

尼港の赤色パルチザン幹部たち。中央白衣がトリャピーツィン

1900年ころの尼港

焼け落ちた尼港の日本領事館跡

一面灰燼に帰した尼港の街

カルムイコフ兵団を構成したウスリー・コサックたち＊

自軍の幕僚や日本軍佐官と並ぶカルムイコフ（左から２人目）＊

首相暗殺犯中岡良一

原敬　シベリア出兵期に初の本格政党内閣を率いた

内田康哉　金塊流出当時の原内閣外相

チタ特務機関長黒沢準　金塊の満洲秘密輸送を受任

荒木貞夫　特務機関と関係深かった陸相

山梨半造　陸軍中枢として金塊の不正処理疑惑を持たれた

出口王仁三郎　内蒙で九死に一生を得た大本教指導者

長崎のセミョーノフ邸跡付近（筆者撮影、2017年）

中野正剛　国会でシベリア金塊問題を追及

皇室献上戦利品の保管目的で建造された宮城内の惇明府

処刑前のコルチャーク

ソ連部隊に拘束後のセミョーノフ

◎本書関連地図

ペトログラード
モスクワ
カザン
サマラ
エカテリンブルク
チェリャビンスク
オムスク
シベリア鉄道
クラスノヤルスク
ニジネウヂンスク
イルクーツク
バイカル湖
ヴェルフネウヂンスク
チタ
スレチェンスク
ゼーヤ
ヴラゴヴェシチェンスク
ニコラエフスク
ハバロフスク
中東鉄道
満洲里
アムール川
ハルビン
ウラジオストク
吉林
長春
奉天
大連
北京
京城
釜山
東京

ロマノフの消えた金塊

はじめに

二〇〇四（平成一六）年四月、モスクワで日露賢人会議の第一回会合が開かれた。日露間に横たわる諸問題を両国の有識者が大所高所から論議し、双方の政治指導者に提言するのが会議に期待された役割で、当時の小泉首相とプーチン大統領の間で設置が決まった。日本側から首相経験者の森喜朗を座長に、「財界総理」といわれたトヨタの総帥奥田碩や、現代ロシア政治の研究者を代表する下斗米伸夫ら七人、ロシア側からはモスクワ市長のルシコフを座長に、産・学・官から選ばれた七人が集まりテーブルを囲んだ。日本側賢人のひとりで当時日本経済新聞コラムニストだった田勢康弘の回想によれば、北方領土問題で相当激しい応酬が交わされた。また、秘書官もボディガードも従えないプーチン大統領が、単身で前触れもなく乗り込んできて、日露関係について詳細なメモなしのスピーチをして帰るような、かなりスリリングな展開もあったらしい。

会議の期間中、ロシア側賢人のひとり、ボオス・ロシア下院副議長は『ノーヴァヤ・ガゼータ』紙のインタビューに答え、「北方領土の返還要求に対し、会議のロシア側参加者は日本側に金塊の返還要求を検討している」と述べた。

金塊云々とは何のことか。旧ソ連の終焉《しゅうえん》をもって、ロシアでは人々が特定のイデオロギーでがんじがらめに縛られる時代は終わった。新生ロシア連邦では、国家のアイデンティティに絡んで、知識人を中心に、それまで論じるのが憚《はばか》られた内戦期との連続性が意識されるようになった。その象徴のひとつが、ロマノフ王朝の帝国銀行に国家の金準備として蓄積され、内戦によって日本を含む諸外国に散逸したとされる金塊の行方の再定義を求める声だった。

金塊返還要求が実際に会議の場で出たわけではないようだが、少なくともロシアの賢人たちは、一〇〇年前の因縁話を忘れていなかった。それを執念深いと受けとめる向きがあるかもしれない。ただ、パイプラインの日本接続が何度も浮上するサハリン天然ガス田にしても、プーチン政権が最重要の国家案件と位置付け、日本に投資の誘い水を向けるシベリア極東開発にしても、現在の日露間に横たわる懸案のなかには、ロシア内戦期に端を発するテーマが少なくないのも事実だ。

一方、日本からロシアへの視座は、北方領土やシベリア抑留など、第二次大戦の「被害者」としてのそれにほぼ固定化され、一向に代わり映えしない。

ロシア内戦に列強とともに介入したシベリア出兵もまた、日本では忘却の彼方だ。最大動員時には七万二四〇〇名という膨大な兵力をシベリアに展開させた結果、当時の国家予算のほぼ一年分に匹敵する戦費を費やし、しかも、血を流して得るものがなかったという意味で、近代日本初の負け戦《いくさ》であったにもかかわらず、である。加害者的側面があったからといって、史実から目を背け、あるいは、当時の日本や日本人の営為を十把一絡げにして、否定一色に塗りつぶすだけでいいはずがない。

本書では、この国が「シベリア出兵」と呼び習わしてきた「宣戦布告なき戦争」に突入していたころ、シベリアを西から東へ横断する形で運ばれたロシアの金準備用金塊の行方を追う。ジャーナリズムの世界で同様の試みは過去にもあったが、いずれも断片的だったし、「消えた黄金の追跡」と口に出したときに付いてまわる、ある種の生臭さが邪魔するのか、アカデミズムの側もこのテーマには冷淡だった。専ら証拠主義に立って史実のピースをトータルに集められないか――、筆者は長らくそんな思いに取りつかれてきた。また、金塊が複雑に流れ出す時代背景の理解を助けるため、本書は大正から昭和初期にかけての日本社会の断面描写にも紙幅を割いている。

金は国際相場で一トロイオンス（三一・一〇三四七六八グラム）を標準単位として取引されている。微量であっても高価には違いないが、本書で論じる金の量の膨大さを踏まえてトンを中心に表記し、その金銭的価値が理解できるように、当時の為替レートをもとに、露貨ルーブルや英貨ポンド、米貨ドル、日本円など通貨換算で適宜補うことにした。ただし、ルーブルは「紙幣」

とことわらない限り、「金ルーブル」の意味で使用した。「金ルーブル」は便宜上の通貨単位で、ロシア伝統の重量単位で純金一七・四二ドーリャ(〇・七七グラム)を金一ルーブルと換算する。金塊を納めた「箱」という表現が出てくる場合は、一箱をやはりロシア独自の単位である三プード(四九・一四キログラム)として計算した。

当時の文書の旧仮名遣い、古い表現は、ニュアンスを残しつつ、筆者の責任で読みやすく直し、補足が必要な場合は〔　〕で補った。ロシア旧暦は新暦に統一した。なお、電文など当時の日本側資料を通じて把握した外国の地名、人名は、時代的制約もあり不正確なものが散見される。できる限り確認と修正に努めたが、その点はお含みおき願いたい。敬称は省略した。

目次

第一章——時代　27

第五章——地下水脈 219

プロローグ

二〇〇〇年一二月、ロシア連邦政府の官報『ロシア新聞』と香港の週刊誌『アジア・ウィーク』は、韓国のある建設会社が帝政ロシア時代の沈没船を発見した、と相次いで報じた。

『ロシア新聞』はイギリスBBCと韓国内の報道を総合する形で、発見されたのが帝政ロシアの軍艦ドミートリー・ドンスコイ号であること、発見場所は韓国東海岸だったこと、同船はロシア革命時にロシアから日本に向け貨物輸送中に沈没したこと、同船で発見された金塊は約一二五〇億ドル相当と推測されることなどを伝えた。そして、「多くの歴史書はロマノフ金塊の一部が謎のうちに消滅したと書いている」と指摘。第一次大戦時にニコライ二世の金塊が兵器購入代金として外国に発送されたが、国外に出ないうちに十月革命になり、一部は白軍の手に落ちた。残りは白軍の亡命将軍を通じて日本に引き渡された——、と断片情報を並べ立てた。

これに対し、『アジア・ウィーク』は冷静だった。まず、沈没船を発見したという会社の正体を、韓国ゼネコン第五位の東亜財閥系だと特定した。そのうえで、同社が二〇〇〇年の初め、借入金約四億ドルの利息が支払えなくなり、株価が年初来九〇パーセントも下落していた事実を紹介。

それがドミートリー・ドンスコイ号発見の報道があった一週間後に七〇パーセントも反騰したのは、韓国株式市場の投機的性格を示すものだと断罪した。韓国証券取引所は同社株の取引を停止し、同社に説明を求めたとも報じた。さらに同誌は、沈没船の財宝探索に協力した韓国海洋調査研究所（ＫＯＲＩ）の所長に取材して、「小型沈没船は発見したが、これがドミートリー・ドンスコイ号だというのは事実無根だ」とのコメントを引き出した。

なんのことはない、帝政ロシアの沈没船の名を利用して韓国企業が悪質な株価操作を図ったわけだが、事実関係からいえば、ドミートリー・ドンスコイ号はそもそもロシア革命を知らない。なぜなら、日露戦争で一九〇五年の日本海海戦に加わり、拿捕こそ免れたものの韓国・鬱陵島付近で自沈しているからだ。「金塊話は与太話」の見本のような例だが、時事通信などの報道によると、このドミートリー・ドンスコイ号の金塊話は二〇一八年夏にもう一度韓国で蒸し返された。

世界には、人々のロマンを掻き立ててやまない埋蔵金や隠匿財宝の伝説が、数限りなくある。日本関係では「徳川幕府の御用金」や、第二次大戦中、「マレーの虎」の異名をとった山下奉文将軍が、フィリピンの山中に隠したという「山下財宝」などがよく知られる。

金塊や財宝の発掘話が善意に包まれていることはまずない。剥き出しの金銭欲が必ずといっていいほど絡むからだ。その存在が何度否定されようと、ほとぼりが冷めたころ性懲りもなく再浮上するのも与太話の常だ。その陰には概ね詐欺師の暗躍があるのだが――。

とはいえ、多少胡散臭《うさん》くはあっても、与太話と決めつけられないケースはある。一九九一年九月、アメリカ・サンフランシスコ郊外に住むセルゲイ・ペトロフのもとに、ロマノフ王朝の金塊について問い合わせる電話が、モスクワの『プラウダ』やニューヨークのマスコミから相次いだ。いったい何があったのか、セルゲイは大いにいぶかるが、確かに自分は亡命ロシア人パーヴェル・ペトロフの息子で、父はロシア十月革命勃発後、ボリシェヴィキの支配に反対して戦ったいわゆる白軍の将軍だ。金塊について生前の父から聞いている話もあったが、「電話取材で説明できるようなものではない。聞きたければカリフォルニアまでやってこい」と断っていた。

きっかけは同月一三日付ソ連政府機関紙『イズヴェスチヤ』が掲げた記事、「日本はロシアの黄金二二箱を返還するだろうか」にあった。「コルチャーク派将軍の子孫が、その可能性はあると断言」とサブタイトルが付されており、執筆者として「外務省外交研究所教授V・シロートキン」の署名があった。

『イズヴェスチヤ』の長い記事を、以下かいつまんでみる。

①ロシア革命後の内戦期、白軍の提督コルチャークの後方司令官だったパーヴェル・ペトロフ将軍は、カザン市に保管されていたロシア国有金塊から二二箱を持ち出して亡命した。

②ソ連の史家はこれまで、カザンの金塊はチェコスロヴァキア軍団の手に渡ったが、ボリシェ

ヴィキ側との交渉のすえ、彼らの祖国への安全な帰還の保証と引き換えに、すべてロシア側に戻されたと解釈してきた。
③将軍の息子セルゲイ・ペトロフ氏はアメリカ在住のビジネスマンだが、九一年八月、国際会議に参加するためモスクワに滞在し、金塊二二箱の行方について語った。
④セルゲイ氏によると、金塊の箱はカムフラージュされてシベリア鉄道で東に運ばれたが、強欲なコサック軍団の頭目セミョーノフの支配地区に差し掛かり、彼らに金塊が強奪されるのを恐れた将軍は一時的に日本軍に保管を頼んだ。
⑤一九三〇年代に一家で日本に亡命した将軍は、預けた金塊を取り戻す民事訴訟を起こし、ほぼ勝訴しかけたが、日本で政変が起き、風向きが急変した。
⑥将軍の息子セルゲイ氏は金塊の正確な重量を覚えていないが、預かり証はアメリカの亡命ロシア人古文書館に保存されている。日本との交渉がぜひ必要だ——。

『イズヴェスチヤ』の報道を受けて、日本各紙のモスクワ支局が独自取材に動くなか、ジャーナリストの大林高士はセルゲイに会うため、いち早くサンフランシスコに飛んだ。

保険会社を勤め上げたあと、大学に入り直して「ヨーロッパ史」で博士号を取り、学者として再出発していた当時六九歳のセルゲイは、大林に聞かされるまで、ロシアでの報道内容をまったく知らなかった。モスクワを訪れたのは事実だが、そもそも金塊について、『イズヴェスチヤ』から取材を受けていない。記憶をたどると滞在中、たまたま「ソ連八月クーデター」(改革派のゴルバチョフに対し守旧派が起こしたが失敗)に遭遇、海外在住同胞として国の将来をどう思うか、と現地のマスコミからインタビュー攻勢を受けた。そのとき、自分をペトロフ将軍の息子だと知ったうえで、金塊の行方を質問してきたロシア・テレビの記者がいた。

結局、『イズヴェスチヤ』の記事は、シロートキン教授の従来からの持論に、ロシア・テレビ記者からの不正確な又聞きを加えたものとわかったが、根も葉もない捏造とは言い難い。大正末期から昭和初期にかけての日本では、シベリア出兵時に白軍の手にあったとされる帝政ロシアの金塊の行方が何度も取り沙汰されてきたからだ。焦点となったのは、政府当局者の違法な処理疑惑であり、軍関係者による私物化、着服疑惑であって、それが国会でも取り上げられ、新聞紙上を賑わせた。ただ、最後まで万人が納得できる結論を見ないまま、いつしか沙汰止みとなった。一九七〇年代後半の日本で、当時の防衛庁が旧軍関係の秘密文書を公開したのを受けて、敏感に反応した研究者もあったというが、あらためていま振り返ると、金塊の行方への関心を日露両国で再燃させるのに、この『イズヴェスチヤ』の報道ほど、インパクトを持ったものはなかった。ただし、この件のさらなる究明を期待されたジャーナリズム、アカデミズムのその後の取り組みは、率直に言って甚だ心もとない。報道から三〇年近い時間を経ても、金塊流出の全貌をトータルに描き出すような有力な推論は、まだ誰からも提示されていないからだ。筆者が蛮勇と謗《そし》られるのを承知で、未踏の森に分け入ってみようと思い立ったのはそのためだ。

ある歴史的事象の陰には、時代的背景が必ず隠れているし、別の事象との因果関係も必ずある。金塊の行方を追うにあたって、あらかじめ世界史の時計の針を巻き戻しておきたい。大きく引いて眺めることでイメージしやすくなるはずだ。

大林がペトロフ将軍の息子セルゲイをサンフランシスコに訪ねる二〇年前、同じカリフォルニア州のある高級老人ホームへ急ぐ日本人がいた。映画監督で作家の高橋治だ。高橋は、シベリア出兵当時のウラジオストク駐在米国領事だったJ・K・コールドウェルを探し出し、取材の約束を取り付けていた――。

「当時のウラジオストクが危険だったというのは、具体的にはどんな状態だったのです？」……

「人間が消えるといったら一番わかりやすいでしょうか。……私の友人にも消えた男がありますよ。イギリス人のビジネスマンでしたが、あとで、ウラジオストクの湾の向うに連れ去られたということがわかっただけで、だれが連れて行ったのか、その後どうなったのかもわかりません」

……

「私たちが強盗にあったことがありましたわね」

日本生まれの日本育ちという小柄な夫人が話のなかに入ってきた。

「そうそう、アメリカの領事が強盗に襲われたというので、翌日は各国外交団に招集がかかり、日本の船の上で会議が行なわれましたよ」（高橋治『派兵　第一部』）。

ロシア内戦に絡むシベリア出兵は、一九一八年八月、日本、アメリカなど多国籍軍がウラジオストクに上陸して始まる。出兵は第一次大戦の延長であり、同大戦の火元をたどれば、遠くバルカン半島まで行き着く――。金塊騒動の背景をなしている当時の世界の鳥瞰《ちょうかん》旅行に、しばらくお付き合い願いたい。

第一章――時代

一、第一次大戦の勃発

一九八四年、筆者は某民放系列が仕立てた冬季五輪取材班の末席に連なって、開催地となった旧ユーゴスラヴィアのサラエヴォにひと月ほど滞在した。大会期間中、ソ連共産党書記長ユーリー・アンドロポフ死去の大ニュースが飛び込んできた。再激化していた東西冷戦の一方の盟主だ。世界が震撼しないわけはない。そのころ、ソ連指導部の秘密主義は徹底しており、要人の消息に関して噂が流れるたび、モスクワ特派員は深夜、クレムリンの窓明かりに異変がないか塀越しに確かめるため、いちいち車を飛ばすような原始的な取材を強いられていた。第一報が流れた時点で、東欧圏全体を見回しても、同系列のテレビ・クルーはモスクワ現地とサラエヴォの自分たちしかなかった。当時の常識では、西側メディアが東側の国に急遽増援を送るなど考えもつかない。一瞬だが五輪報道どころではなくなったのを覚えている。

東側陣営で初の冬季五輪開催国となったユーゴは、抗独パルチザンの英雄ヨシップ・チトーに指導され、「七つの国境、六つの共和国、五つの民族、四つの言語、三つの宗教、二つの文字」を持つ版図を、ひとつの連邦に束ねていた。労働者自主管理を基本としたユニークな社会主義国家で、非同盟の旗のもと、西側にも窓を開くことによって、スターリンにも、毛沢東にもすり寄ることなく、独自路線を貫いてきた。

世界的に見れば、第一次大戦の発火点としてしか記憶されてこなかったホストシティのサラエヴォは、古都の雰囲気を宿す小都市だった。正教、カトリックの教会やイスラム教のモスクが新旧市街に分かれて共存し、街角ではクロアチア語、スロヴェニア語など連邦各地の言語に交じって、ときおりイタリア語も聞こえた。そんな多様性を湛えた秩序も、一九九一年からのユーゴ内戦であっけなく吹き飛んでしまう。

内戦勃発であらためて思い起こされたのは、旧ユーゴの地政学上の位置だ。国土があったバルカン半島は、古くから出自の異なる諸民族の十字路で、紛争の火種に事欠かなかった。同半島が、「ヨーロッパの火薬庫」と呼ばれるのはそのためだ。内戦では民族浄化などという忌まわしい造語が生まれた。サラエヴォは激戦地となり、世界最速のスケーターを決めた屋外リンクは墓地に転用された。いまでは冬季五輪ホストシティの輝きを思い起こす者も少ない。連邦は複雑に分裂し、時が流れた。

第一次大戦は、一九一四（大正三）年七月、フランス、イギリス、ロシアの三国協商国と、ドイツ、オーストリア・ハンガリー、イタリア、ブルガリア、トルコの中央同盟国が衝突する形で始まる。のちに協商国側にアメリカや日本が加わって、いわゆる連合国を形成した。

容赦ない総力戦は世界初だった。敵国の総力を奪おうとするのが総力戦だ。軍事力の行使には外交の一手段としての側面があるが、それまでの戦争は「軍服姿の将兵同士が戦場で渡り合う集団的な決闘」と理解されていた。そんな古い戦争観を第一次大戦は木端微塵にした。無限軌道で走る戦車が暴れ、毒ガスが使われた。飛行船や飛行機が都市を爆撃し、海では潜水艦が船舶を無差別に沈めた。戦場か銃後かを問わず、人的、物的な損害は桁違いになった。

主要な戦争当事国は君主制下にあったが、君主と戦争の関わりには濃淡があった。イギリス国王ジョージ五世は「君臨すれども統治せず」を通し、前面に出なかった。対照的にドイツ皇帝ウィルヘルム二世とロシア皇帝ニコライ二世は自ら戦争指導に深く関与した。

そもそも第一次大戦には、従兄弟同士の物語という側面がある。ウィルヘルム二世とジョージ五世は従兄弟、ジョージ五世とニコライ二世も従兄弟同士だ。ウィルヘルムとニコライは従兄弟でないものの、血は濃く繋がっていた。さらに、ウィルヘルムとニコライの妃アレクサンドラが従兄妹の関係だ。異なる国の王族同士が姻戚関係を結ぶのは、国家安全保障の意味が大きかったが、三君主の大戦での立場は、ジョージ、ニコライ対ウィルヘルムの構図で敵味方に分かれた。ニコライは大戦中、妃の出自がドイツ系であることを大いに気にせざるを得なかった。

一九一四年六月二八日、オーストリア・ハンガリー二重帝国（ハプスブルク帝国、以下オーストリアと略記）の王位継承者フェルディナント大公夫妻が、同国に正式併合されてまだ間もないサラエヴォの地を視察中、セルビア人過激派によって暗殺された。オーストリアの皇帝ヨーゼフ一世は、事件の背後にスラヴ人国家セルビアがいると責め立て、厳しい謝罪要求を突き付けた。ヨーゼフ一世を頂点とするハプスブルク家は、ウィルヘルム二世を出したホーエンツォレルン王家の本家筋だから、両皇帝は無関係ではないが、英独露三君主のような濃密な繋がりはない。ハプスブルク家は妃を外国王家に求めず、ドイツ帝国の構成単位となった小さな王国、公国の王家から娶るのを伝統にしていた。ヨーゼフ一世は、年齢も三君主より一世代上で、大戦中の一六年に八六歳で死去している。早くに実子をなくした老皇帝の王位を継ぐ有資格者は、甥のフェルディナント大公しかなかったが、その甥も凶弾に倒れた。結局、老皇帝の死で王位に就いたのは甥の甥だった。

サラエヴォのテロは、もともとセルビアに領土的野心を持つオーストリアに格好の口実を与えた。セルビア側はオーストリアの謝罪要求を、ほぼ丸呑みしていたといわれる。それでもオーストリアは振り上げた拳を下ろさなかった。ただし、一直線に開戦するには躊躇があった。セルビアは民族や文化の面でロシアの兄弟国と言ってよい。セルビアの向こうにはロシアの存在が透けて見え、無言の圧力になっていた。世界最強の陸軍を持つロシアと単独ではぶつかりたくない――。

迷うヨーゼフ一世に助け船を出したのはヴィルヘルム二世だった。

ドイツとオーストリアは、同じゲルマン民族国家でありながら警戒し合う関係だったが、対露開戦を不可避とみていたドイツが、オーストリアの後ろ盾に名乗りを上げ、恩を売った形だ。これに意を強くしたオーストリアは、セルビアに対し宣戦布告に踏み切る。それを契機に、ドミノ倒しのようにヨーロッパ全体に戦乱が拡大した――。以上が第一次大戦勃発の定説になっている。

統一国家の形成が遅れたドイツは、植民地分割競争で優位にあった英仏とは異なり、ビスマルク時代に獲得したわずかな海外権益しか持たなかった。皇帝に即位したヴィルヘルム二世は植民地拡大を急ぐ。

レーニン流の帝国主義戦争必然論によれば、国民国家の資本主義が一定の発展段階に達すると、国内市場は飽和し、過剰な資本（ヒト・モノ・カネ）は国外に向かう。植民地を広げて、そこから様々に吸い上げ、より太ってゆく体制に転化するが、立ち上がりの早い列強の支配はすでに世界の隅々まで及んでいる。新興の列強はこれに挑戦するしかなく、植民地の再分割闘争を始める――。

次第に国力、軍事力をつけたドイツが、中東、アフリカへの突破口として目をつけたのは、オスマン・トルコの衰退で情勢が流動化していたバルカン半島だった。つまり、大戦前のヨーロッパには可燃性のガスが充満していた。新旧の列強間がすでに一触即発であったので、結果としてサラエヴォの銃声が開戦の号砲として響くことになった。

二．せめぎあう列強の思惑

フランスには、普仏戦争でアルザス・ロレーヌ地方をドイツに割譲させられた遺恨があった。しかもドイツは、フランスがアフリカに持つ保護領モロッコに対して、あからさまな野心を示していたから、フランス国内には対独戦に踏み切る下地ができていた。イギリスもまた自国の植民地をドイツに奪われるのではないかと、警戒の目を向けていた。英仏は連携を深め、ドイツの出方によっては宣戦布告も辞さない方針で足並みを揃えた——。

こう見てくると大戦勃発の引き金を引いたのは、ひとえにウィルヘルム二世率いるドイツだったと言えなくもないが、では、新興列強として旧秩序に挑み、国外の自国権益の拡大を狙う、もうひとつの大国、帝政ロシアの責任はどうだったのか。

「ハプスブルク帝国を相手にしてバルカン半島で危険な駆け引きに臨んだのはロシア自身であった。だから、大戦はいきなり降ってきたのではなく、ロシアはそれを引き起こした当事者の一人であった」（池田嘉郎『ロシア革命——破局の8か月』）。

日露戦争後のロシアは閉塞感から抜け出せなかった。人々の間には、頑なな政府に対する不満が渦巻いていた。皇帝からも不興を買った為政者は、国内問題から人々の目を逸らすため、共通の敵を見出す必要に迫られていたはずだ。東アジアでの南下政策を日本に阻止されたロシアの視線は、いきおいバルカン半島に注がれた。歴史的に見れば、何度となく戦火を交え、まさに宿敵といっていいオスマン・トルコを今度こそ完全に追い払い、黒海と地中海を繋ぐ回廊を自国の庭にしたい――。汎スラヴ主義の旗を都合よく利用しながら、ロシアは兵を挙げる大義名分を探していた。

サラエヴォのテロから一ヶ月間、欧州列強は権謀術数の限りを尽くして、敵と味方を峻別し、開戦に備えた。一九一四年七月二九日、ニコライ二世はオーストリアに対する動員令に署名した。その日のうちにドイツの〝従兄弟〟ウィルヘルム二世から再考を求める親電が届いたというが、これはロシアの動きを幻惑する小細工だろう。多国間戦争への流れはもう止められなかった。

ロシアは軍事強国には違いなかったが、農奴解放を果たしたあと、社会や政治の近代化は足踏みした。その後、「血の日曜日事件」を受けた皇帝の譲歩や、有力政治家ストルイピンの改革はあったものの、近代化に加速がつかない。国民の八割を占める農民層の識字率は極めて低いままで、教育を受けた者は圧倒的に少数だった。皇帝と政府、軍は相変わらず一体感を欠き、総力戦体制は整わなかった。したがって、大戦序盤には東部戦線で大退却を強いられるなど、苦杯をなめ続けた。ニコライ二世は戦争指導を皇族のニコライ・ニコラエヴィチ大公に委ねていたが、一向に好転しない戦況に業を煮やし、大公を更迭して自ら最高総司令官に就任した。これを研究者の池田嘉郎は、「君主たるもの直接に軍の指揮をとらねばならぬという、専制原理主義から出た行為」と見ている。

日本で第一次大戦は「欧州大戦」と呼ばれた。確かにヨーロッパ人同士の戦争だから、日本は基本的に傍観者だ。開戦当初は指導層の間にも「高みの見物」といった空気が流れた。

それでも日英同盟の磁場は効いていた。厳密に中立でいていいのか、と政界で論議が起きた。国内には日露戦争の戦勝気分が尾を引いていたが、国民の大多数は薄氷の勝利だった事実を知らない。だから賠償金なしの講和に不満が燻っていた。実際、戦費支出で国庫は空っぽ、海外には外債の巨額なツケが溜まり、出口は見えなかった。もし、日英同盟をテコに参戦して勝者となれば、市場と資源という分け前に与《あずか》り、苦境から逃れられるかもしれない。国際的地位も向上する——。

時の外相加藤高明らは積極参戦論を唱えた。そこに、日英同盟を通じて、地中海への海軍艦船派遣の要請が飛び込んできた。敵はドイツの仮装巡洋艦だ。この支援要請を受諾した日本は、一気に対ドイツ宣戦布告にまで踏み込む。イギリス外相グレイは大戦勃発前、香港など自国の中国権益が危険にさらされた場合、日本の力を借りたいと、あらかじめ加藤外相に申し入れていたが、参戦の求めとは違う。日本は単発の軍事支援要請を奇貨として、半ば強引にヨーロッパ人の戦争に割り込んだ。大隈重信内閣の閣議決定だった。

島国であったイギリスは欧州大陸国の対立に、当初は調停者として立とうとした。期待した役割が回ってこなかったのは、かつて七つの海を支配した大英帝国の威光が、そのころには確実に陰りつつあったからだ。世界の植民地獲得競争で独走していた一九世紀後半には、「名誉ある孤立」と称して非同盟策を貫くこともできた。他の列強の追い上げが急になると、安閑《あんかん》としていられなくなる。「名誉ある孤立」を放棄して、イギリスが最初に二国間の攻守同盟を結んだ相手は、日清戦争には勝ったものの、国際的にはまだ東洋の小国と見なされていた日本だった。

アメリカの急速な台頭もイギリスを悩ませていた。ずっと弟分扱いしてきた国が、一八九八年にスペインとの戦争に勝ってフィリピン、グアムを奪い、ハワイ王国まで併合した。

英仏独などの欧州列強は植民地を持ったアメリカを、もう新興国扱いできず仲間入りを認めた。勢いづくアメリカは、太平洋を越えてアジアに進出し、欧州列強が利権の草刈り場にしていた中国にも触手を伸ばしてきた。権益を脅かされるのを恐れたイギリスは、日英同盟の結束を、ある時期までアメリカへの牽制に利用した。逆にアメリカからすれば、日本こそ気の許せない存在であり、日英同盟の絆も面白くなかった。

一九一四（大正三）年八月、ドイツに宣戦した日本は、赤道以北の太平洋上にあったドイツ領南洋諸島を一〇月に、中国内のドイツ租借地、山東半島の青島と膠州湾を一一月に占領する。ドイツ軍守備隊の抵抗は最小限で、日本にとっての第一次大戦は事実上一四年中にあっけなく終結した。

激しさを増すヨーロッパの戦火をよそに、一五（大正四）年、一六（大正五）年の日本は国内経済の立て直しと、大陸に確保した権益の安定化に没頭した。外交上の軋轢を生じがちな相手は主にアメリカであり、日本はときに譲歩を示し、関係がこじれないよう低姿勢で対応した。

三．大戦下の日本とロシア

中国進出を加速するアメリカに、日本は激しく慄《おのの》き、警戒した。中国は日本にとってすでに死活的に重要な市場だったからだ。北京政府から幣制改革の協力を求められていた日本は、通貨を支配することは国を支配することだと気づく。大陸で広く円が使われるようになれば、巨人アメリカと渡り合える。そのためには円をもっと強くする、つまり国際競争力をつける必要があった。

当時の元老のひとり、井上馨は第一次大戦の勃発を指して、「大正新時代の天祐《てんゆう》」と呼んだ。天の助けだというのだ。明治末から続く不況と、日露戦争の戦費支出による財政難で首が回らなかった日本にとって、大戦の長期化はまさに「天祐」だった。すでに述べた通り、日本は主戦場からはるか遠いドイツのアジア太平洋利権を攻めて、一方的勝利を収めていた。大戦への参戦を同盟国にアピールしつつ、交戦期間がごく短かった分、国力を温存することができた。生産が滞りがちな同盟国に代わって物資供給基地として頼られるようになると、巧まずして日本の海外市場は拡大した。赤字だった国際収支も黒字に転じた。外債利払いのため一時は情けないレベルまで落ち込んでいた日本の金の保有量も回復した。

大正天皇の即位礼があった翌月の一九一五（大正四）年一二月四日、東京株式市場の株価がついに暴騰する。いわゆる大戦景気、成金景気の到来だった。それまで日本では未発達だった製造分野も海外ニーズに刺激されて開花し始めた。重化学工業の発達も促された。こうして苦しかった日本の懐《ふところ》事情は劇的に改善した。庶民はその恩恵を実感できないばかりか、かえって物価高に喘《あえ》ぐのだが、日本の大戦景気は一九二〇（大正九）年春ごろまで続く。

帝政ロシアと日本の関係が、第一次大戦前から密接なものに変化したことは、いまでは忘れられた事実だ。研究者のバールィシェフ・エドワルドによると、世界を文明論的にリードしてきた西欧の衰退が目立ち、アングロ・サクソン諸国では黄禍論が広がる気配をみせた。日本は大戦後の孤立を恐れ、安全保障面を日英同盟一本に頼る従来のやり方を見直し、自主外交に舵を切ろうとしていた。ロシアもまた日本と同様に近代化の課題を抱え、西欧と違う立ち位置を探っていた。両国が安保と国際的な地位向上のために接近するのは必然だった。

日露戦争終結後に第一次日露協約が結ばれるが、両国は協約更新のたびに、より密接に繋がった。第一次大戦で日本がドイツ勢力を追い払った南洋諸島と中国・山東半島の利権は、そのまま日本に引き継がれたが、陰にはロシアの秘密裡の承認があった。

一九一六（大正五）年一月、大正天皇の即位に祝意を表すため、ニコライ二世は自分の名代として従叔父にあたるゲオルギイ・ミハイロヴィチ大公の一行を日本に派遣した。各地で大歓迎を受けた大公は、儀礼使節としての使命をつつがなく果たしたが、もうひとつ重要な任務を帯びていた。ロシア国内で生産が間に合わない武器弾薬の不足分を、日本側に請け合ってもらう役目だ。そのために大公は、政府と軍部に絶大な発言力を持つ元老の山県有朋を私邸まで訪ね、支援を懇請した。山県は、全力を尽くして当局と折衝すると応じた。

同年七月に締結された第四次日露協約には、両国に敵意を持つ第三国の中国支配防止などを謳《うた》った秘密協定が加えられた。一次から四次まで、日本全権として交渉をリードしたのは、ロシア駐在大使の本野一郎だった。

四．ふたつのロシア革命

戦地で苦杯をなめ続けたロシアの国内は治安も乱れた。治安悪化は、野心を持つ政治家や軍人が政権を脅かすのではなく、誰に唆されたわけでもない民衆が、街や村でアナーキーなエネルギーを爆発させる形で表れた。問題は皇帝がその重みを理解せず、封圧一辺倒で対応したことだ。迷信深かった皇帝夫妻は、霊能を売り物にする怪しげな祈祷僧ラスプーチンに深く傾倒し、大臣の任免にまで口出しを許す状況もあった。それを苦々しく見ていた指導層のうち、大貴族のユスポフ一派が謀って、一九一六年一二月、ついにラスプーチン暗殺を決行した。それでも、皇帝は目を醒《さ》まさなかった。

一九一七年、ロシアは革命の波に二度も洗われた。ユリウス暦で二月二三日から二七日にかけての革命と、一〇月二五日に起きた革命だ。当時のロシアで使われていたユリウス暦を、現在各国で採用されているグレゴリオ暦に読み替えると、前者は三月、後者は一一月の出来事だが、ここでは歴史的な「二月革命」、「十月革命」の呼称に従う。

ふたつの革命はあらゆる意味で性格が違うが、あえて単純化して比較すれば、以下のようにまとめられるかもしれない。

二月革命の柱は、「戦争の継続」、「皇帝の交代」、「憲法制定会議の設置」、「言論の自由」、「人身の不可侵」、「私的所有権の承認」であり、特定の政党というより、自由主義者や穏健な社会主義者が連合して古い体制に挑んだ。これに対し、十月革命は、「即時停戦」、「帝政の廃止」、「労兵代表者による内閣の設置」、「国家の社会主義化」、「農地、工場、銀行の公有」という方向に行き、革命の担い手はボリシェヴィキだった。

革命の演出家をあげるとすれば、前者が臨時政府司法相などを経て首相を担ったケレンスキーと同政府初代外相ミリュコーフ。後者はソヴィエト政府人民委員会議議長（首相に相当）に就いたレーニンと同政府初代外務人民委員を経て軍事を担当するトロツキーだった。

前者には西欧諸国というモデルがあり、後者には見習うべきモデルがなかった。

前者は、合法的権力移譲を探りながら、やむなく超法規（革命）の形で旧体制存続を阻止した。後者は、はじめから旧体制の転覆を目的にする少数派の政党が、主に都市部に住む多数の庶民の怒りに捌《は》け口を与える形で扇動し、物理的力のみで旧権力を倒した。

前者の外交は帝政政府の基本方針を継承し、後者は連続性を否認した。

前者をブルジョア革命と見る者がいて、後者を『資本論』に反したプロレタリア革命〝と呼ぶ者がいた。

前者の体制はわずか八ヶ月しか続かなかったが、後者のそれは指導者を替えながら七〇年以上の長きにわたって存続した。

帝政ロシアの首都サンクトペテルブルクは大戦中、ドイツ風の響きが嫌われペトログラードに改称されていた。そこで二月革命に遭遇した日本の駐在武官の革命評が残っている。

陸軍省　第四八号　秘　在露都　石坂善次郎少将　➡参謀次長

・革命の前途に関する判断、概ね左の如し　大正六年四月一六日接受

「……臨時政府は議会および国民有識階級の信頼が厚いのみならず、戦争継続については世論ならびに出征軍隊の意見は一致し、かつ協商国、とりわけ英国が多大な支援を与えているので、〔過激な〕社会主義者の勢力は漸次衰退の兆しを示し、臨時政府の基礎は益々固まってきている……」。

「天皇の軍隊」に籍を置く者が、皇帝の退位に受けた衝撃は察するに余りあるが、ロシア臨時政府が引き続き協商国（連合国）の一角に留まって、戦争を継続すると表明したことに、胸をなでおろすと同時に、新政府の安定に期待を滲《にじ》ませている。日本政府の受けとめ方も、大勢は石坂と変わらなかった。

東京の陸軍参謀本部が石坂少将の秘密電を受け取ったのと同じ日、ペトログラードのフィンランド駅にレーニンを乗せた列車が滑り込んだ。ボリシェヴィキを率いるレーニンが、二月革命の報に接し、ロシアの敵であるドイツから封印列車による領土内通過を特別に許され、亡命先のスイスから帰国したのだ。ドイツがボリシェヴィキに軍資金として一〇〇〇万ルーブルを渡していたこともわかっている（ＮＨＫ　ＥＴＶ特集「ロシア革命　１００年後の真実」二〇一七年一一月

二五日)。レーニンとドイツ、双方の利害はロシア臨時政府打倒で一致していた。

五．ロシア国内戦へ

二月革命で成立したロシアの臨時政府は、専制下の過酷な統治への反省から、ユダヤ人を含む非ロシア系民族の市民権の承認、死刑廃止、政治犯の恩赦、流刑囚の解放など国民和解的な諸政策を次々と打ち出した。亡命政治犯だったレーニンが帰国後も拘束されず、政治活動ができたのもその恩恵といえた。

祖国に戻った翌日にレーニンが発表した「四月テーゼ」は、ほぼすべての政治勢力に衝撃を与えた。ロシア社会の後進性を考えると、社会主義を信奉する者でさえ、社会主義社会の実現にはまず資本主義の発達が必要で、それには西欧諸国のような自律的議会と多党制のもとで、当面は味方の勢力を増やせばよいと考えていたからだ。したがって、社会主義政党の多数派である社会革命党（エスエル）とメンシェヴィキは臨時政府を基本的に支持していた。それに対し、一切の資本と手を切り、一気に社会主義を実現するというレーニンの主張は足元のボリシェヴィキ党員まで戸惑わせた。

二月革命体制下のロシアは事実上、臨時政府と労兵ソヴィエトの二重権力状態で、国としての統治は揺らぎ続けた。大戦長期化のあおりで、食糧と燃料の供給は死活的レベルにまで低下し、厭戦《えんせん》気分は戦場、銃後の別なく蔓延していた。そんななかで、ボリシェヴィキを中心とする最左派勢力が、労兵ソヴィエトに全権力を握らせようと武装蜂起を企て、クーデターはあっけなく成功した。レーニンの唱えた「四月テーゼ」は緻密な党内論議を経ないまま、トロツキーの支持もあり、ずるずると十月革命の理想に引き継がれていく。

身内でさえ首を捻るレーニンの極論が、強制力を伴って国民に押し付けられると、反発も大きくなった。一九一八年前半には、武力抵抗や反乱が全国規模に拡大し、ロシアは深刻な内戦状態に陥る。革命反対派は統一指令部を持っていたわけではないが、各地で旧軍軍人を指揮官に押し立て、革命派と衝突した。そうした勢力を総称して白軍（白衛軍）と呼ぶのは、赤旗をシンボルとしたボリシェヴィキとの対比からだ。白軍は必ずしも右翼の軍隊ではない。実際には自由と共和のロシアを望む者を主体に、レーニン的な指導原理を拒否する社会主義者、皇帝への忠誠を捨てない保守派らで幅広く構成されていた。軍資金の確保には、二月革命政権の与党でインテリ党員の多かった立憲民主党の関係者が貢献した。主な白軍の司令官には、ドン地方やキエフで善戦したデニーキン将軍、クリミア半島などロシア南部で赤軍と対峙したヴラーンゲリ将軍、一時はヘルシンキで北西ロシア政府の成立を宣言したユデーニチ将軍、シベリアから革命派の首都を脅かした海軍出身のコルチャーク提督らがいた。

六．内戦のカオス

ロシア内戦には、赤軍対白軍の戦いに、武装した外国の戦争捕虜や難民が様々に関与し、事態をいっそう複雑化させた。日露の近現代史に詳しいアメリカの研究者ジョン・ステファンによれば、二月革命当時、ロシアには五〇〇万人を超す外国人がいた。戦争捕虜二三〇万人の出身別の内訳は、オーストリア、ハンガリー、ドイツ、チェコスロヴァキア、ポーランド、セルビア、ブルガリア、トルコに及んだ。難民二八〇万人の出自は、ポーランド、バルト諸国、ルーマニア、ペルシャ、中国、朝鮮に分かれた。

なかでも、最大の波乱要素になったのはチェコスロヴァキア軍団（以下、チェコ軍団と略記）だった。大戦中、連合国の一翼を担って戦った軍隊組織だ。東欧の一隅から出征したチェコ軍団の将兵たちは、どんな経緯で大戦に絡むことになったのか。

オーストリアは、版図に置いた小国から多くのスラヴ人を戦場に駆り出した。のちにユーゴスラヴィア大統領となるチトーも徴兵された。オーストリア軍の兵役に服したチェコ人、スロヴァキア人は一〇万に及んだが、公民権を奪われている少数派スラヴ人として、ウィーン中央の権力に忠誠心などまるでなかった。父祖伝来の言語を禁じられて育ったチェコ人作曲家スメタナが、ベートーヴェン同様に聴力を完全に失いながら、交響詩「わが祖国」を紡いで故郷の山河と独自の歴史を誇ったのはその四〇年前だが、属国のくびきから逃れる日は訪れなかった。民族の独立を阻んでいるオーストリアの旗の下で死ねといわれても、チェコとスロヴァキアの兵に戦意が湧くはずもない。一九一四年から一六年の間に六万人が敵方のロシア軍に投降した。二月革命に伴い、戦争捕虜の身分から解放された彼らは、アメリカ大統領ウィルソンが提唱した民族自決論に鼓舞され、あるいはパリに拠点を置く亡命政権「チェコ国民評議会」に勇気づけられて、その多くが連合国のロシア側に立って再び銃を取り、オーストリア軍と対峙した。

「自ら世界革命の戦いに身を投じて、レーニンに『ボリシェヴィズムの胞子』と呼ばれた戦争捕虜団もあったが、たいがいは腹を満たして生き延びようとするだけだった。半数は故国へ帰ったが、残りは死ぬか残留するかした。ソ連の政治用語で、革命派とともに戦った戦争捕虜を『国際主義者』、白軍側についた捕虜を『干渉主義者』と呼んだ。この区別は、議論には分かり易かったかも知れないが、なぜそれぞれがふたつのグループに分かれるはめになったのか、少しも説明していなかった」（ジョン・ステファン『ロシア極東』）。

オーストリア人、ハンガリー人、ドイツ人の戦争捕虜が最後まで赤軍側に立ち、「国際主義者」だったのに対し、チェコ人とスロヴァキア人は「干渉主義者」となった。その理由ははっきりしている。

チェコ軍団はボリシェヴィキが権力を奪取する一九一七年一一月には二個師団、総勢三万だったが、その後、約四万五〇〇〇に膨れ上がり、連合国陣営にとってはいっそう重要な戦力になっていた。一九一八年三月、ソヴィエト政府がかねての公約通り、交戦相手のドイツ、オーストリアなど中央同盟国と単独で講和を結び、連合国陣営からひとり離脱すると、チェコ軍団はロシアに味方する唯一の理由を失った。宗主国オーストリアを打倒し、民族独立を勝ち取ることこそ軍団の究極目標だったからだ。ロシアの脱落で連合国の東部戦線は崩壊した。ヨーロッパ東部に釘付けだったドイツ戦力が西に投入されれば、英仏は苦しくなる。連合国側は精強なチェコ軍団を西部戦線に回そうと画策した。

チェコ軍団はフランス軍の思惑からその指揮下に編入されていた。フランス軍事顧問団は当初、ロシア最北西部、白海沿岸のアルハンゲリスク経由で軍団を本国（フランス）に出国させようとした。ところが、ドイツの意向を受けたソヴィエト政府は、このルートの通過を承認せず、認めたのは遠回りのウラジオストク経由だった。しかも、国際法上は武装を解かずに移動できるというチェコ軍団の主張もドイツの横槍で退けられた。

七．チェコスロヴァキア軍団……シベリアの暴発

シベリア、太平洋、アメリカ経由で地球を一周し、ヨーロッパに向かうしか、チェコ軍団に選

択肢はなかった。ウラジオストクを目指し、シベリア鉄道で東進を開始したチェコ軍団第一軍の一部が一九一八年五月一四日の朝、ウラル山脈の東に位置するチェリャビンスク駅に着いて間もなく、反対に西を目指すオーストリア人捕虜の列車が入線してきた。講和の結果、祖国への帰還が実現する兵たちで、士官や警備の兵は乗せていない。チェコ軍団関係者の回想によると、捕虜たちの列車はやがて動き出したが、ある捕虜が最後尾の車両から、罵声とともに何かをチェコ軍団側に向けて投げつけると、ホームにいたチェコ兵のひとりが頭から血を流して倒れ込んだ。壊れたストーブのかけらだった。

怒ったチェコ軍団側は機関車を停止させ、後部車両三台に乗っていた捕虜六、七〇名全員を缶詰にして、犯人を探し出し殺害した。これを知った地元ボリシェヴィキ当局はチェコ兵一〇人ほどを一時拘束した。軍団は兵士の奪還に動き、当局の武器庫を襲うなどして革命派を逆に武装解除した。事態は直ちにモスクワ中央に伝わった。赤軍を率いていたトロツキーは、「ひとりでも武装したチェコ軍団兵士がいれば射殺すべし」とシベリア鉄道沿線の地方ソヴィエトに打電した。

トロツキーの強硬な武装解除要求は、東進を焦るチェコ軍団の激しい反発を買った。チェコ軍団の先頭部隊はすでにウラジオストクに到達していたが、他の部隊は大半が世界一長いシベリア鉄道の沿線に、途切れたチェーンのように分散させられており、遅々として進まない列車にただでさえ爆発寸前になっていた。「ボリシェヴィキ勢力が武力で東進を邪魔するのであれば容赦しない……」と、チェコ軍団は各所で暴れだし、瞬く間にシベリア鉄道の沿線各地を席巻した。それは、チェコ軍団がシベリアの反ボリシェヴィキ陣営（白軍）に加担することを意味していた。

冷戦下に西側のシベリア内戦研究をリードしたイギリスのジャーナリスト、ピーター・フレミングは、「もしトロツキーが喧嘩腰にならず、力の代わりに狡賢さを見せていたら、チェコ軍団が［ボリシェヴィキ勢力にとっての］決定的敵対要素になるはずはまるでなかった」と受けとめた。ピーターは、スパイ娯楽アクション小説、「007シリーズ」を書き継いだ英国秘密情報部（MI6）出身の作家イアン・フレミングの実兄だ。

白軍とチェコ軍団の究極目標は、本来全く別物だった。チェコ軍団は、ウラジオストクに一日も早く到達したいという一念だけだった。それに対し白軍の戦いは、ロシアの地に踏みとどまり、モスクワの政権を打倒するまで終わらない。両者の結びつきは、あくまで戦術的なものにとどまった。軍資金にも大きな格差があった。白軍将兵の多くはいつも腹を空かせていた。一方のチェコ軍団は、調理専門車両付きの特別列車に、豊富な食糧を積み込み移動していた。団結力があり士気も高いチェコ軍団は、食糧に窮して住民から掠め取るようなこともまずなかった。ただし、チェコ軍団も補給が途切れれば、当面の軍団維持費分を現地調達せねばならない。歴史作家グザーノフによれば、白軍から用心棒代がチェコ軍団に渡る実態もあった。

八・内戦干渉はじまる

十月革命でドイツと講和を急ぐソヴィエト政権が生まれたといっても、その威光がロシア全土に直ちに行き届いたわけではない。情報の伝わり方は、地方によってまちまちだった。ウラジオストクは、首都から最も遠いにもかかわらず、地方ソヴィエトが中央新政府の動きに即応し、早々と権力を掌握した。国際都市化していた同地には多くの外国人が暮らしており、地方権力の激変に不安を募らせた。これに真っ先に手を打ったのはアメリカで、一九一七年のうちに巡洋艦を差し向けている。大阪朝日新聞は、おりからウラジオストクに滞在中の邦人実業家に電話取材し、同市の治安が「一隻の米国の軍艦の入港によって維持されている観がある」との話を引き出している（大正六年一二月九日付）。一八年が明けると、イギリスが香港から巡洋艦を向かわせ、日本も競うように戦艦二隻をウラジオストクに回航した。三月にはアメリカ巡洋艦が再入港し、四月に中国が巡洋艦を送り込んだ。こうした一連の軍艦による示威行為によって、連合各国はそれぞれ在留する自国民の生命、財産を、ボリシェヴィキの風圧から守ろうとした。

　連合国のうち英仏露はあらかじめ単独不講和を宣言し、最後まで脱落することなく戦いぬくと誓っていた。のちに日本もこれに加わる。国際誓約を破り、単独講和に走った以上、ソヴィエト新政権は共通の敵に変わった。英仏はロシア国内の革命反対派勢力を擁護する形で、内戦への干渉に踏み込んだ。大戦の延長ではあるにせよ、ロシア領内に初めて出兵したのはイギリスだった。一九一八年三月、北極圏のバレンツ海に臨むムルマンスクに上陸した一三〇名の部隊の任務は、港に集積されていた連合国の支援軍需品が、ソヴィエト政府を介してドイツ軍に渡るのを阻止することだった。その後、ムルマンスクを含むロシア北方沿岸に展開した英米仏、それにセルビアの連合軍は、アルハンゲリスクに集約される。その時点での兵員は一万二〇〇〇を数えた。これに反発した赤軍の一部は、首都ペトログラードでイギリス大使館を襲撃し占拠した。海軍駐在武官一人が殺害され、遺体は二日間、窓辺に逆さ吊りにされた。

ロシアの激震を受けて、東京の陸軍参謀本部は日本単独でのシベリア出兵計画の立案に着手し、イギリス軍がムルマンスクに上陸するころには成案を得ていた。結果的にこの計画案が、そのまま出兵時の部隊配置の基礎となるのだが、そこに至るまでには曲折があった。

日露協約を四次にわたって更新するなど、関係良好だった隣国の政権が十月革命で瞬く間に瓦解し、共産主義者に乗っ取られた衝撃は日本政府関係者にとって計り知れないものだった。寺内正毅内閣で外相に起用された本野一郎やその後任の後藤新平は、ともに帝政ロシアの政治家らに知己が多く、旧支配層に寄せる同情も並々ならぬものがあり、早期出兵是認の立場だった。特に、日露協約の生みの親、育ての親を自任する本野が、ツァーリ権力の簒奪《さんだつ》者たちに向ける視線は冷たかった。

北方のムルマンスク同様、連合国がロシア国内に送り込んだ支援の軍需品はウラジオストクにも大量に積まれていた。現地には、ボリシェヴィキ勢力だけでなく、祖国への帰還が遅れているドイツやオーストリアの捕虜、つまり「国際主義者」も跋扈《ばっこ》し、軍需品がいつ奪われるか判らなかった。余力がない英仏は、極東に地理的に近く、大戦で大軍を動かしていない日本とアメリカにシベリアへの共同出兵を持ちかけた。軍需品を赤軍、ドイツ軍から守ると同時に、シベリア鉄道沿線を押さえ、輸送を確保してくれるなら、なおのこと助かる――。南ロシアに積極介入する方針を決めていたイギリスは、早期出兵論者の外相本野に働きかけを続けた。

ところが、アメリカ政府は首を縦に振らない。革命反対派勢力への支援にも関心が薄く、軍事介入に意義を見出そうとしなかった。寺内内閣は、首班の寺内本人が出兵に消極的だったこともあり、対米協調の立場からアメリカが共同出兵に同意するまで、外交的態度の留保を決め込んだ。

アメリカが共同出兵の要請に重い腰を上げたのは、チェコ軍団とボリシェヴィキの反目の発火点となったチェリャビンスク駅事件がきっかけだ。「チェコ軍団救出」という国際協調の大義名分は、アメリカといえども無視できないものだった。一方、寺内内閣にとって、「アメリカの提案を受けて、国際的大義のために出兵する」という見え方はある意味理想に近かった。

一九一八年八月三日に英連邦のカナダ軍、九日にフランス軍、一二日に日本軍、一九日にアメリカ軍がウラジオストクに上陸した。連合国による国際協調出兵の幕が開いた。

フランス軍の多くは仏領インドシナからのベトナム兵で、間近で取材した邦人記者山内封介によれば、「ちょうど日本の百姓の被る編み笠のようなものを被り、淡藍色の軍服を着ている恰好は、日本の未決監の囚人が外役に出たのに酷似して」いた（『シベリヤ秘史』）。

アメリカ軍の中核も、米領フィリピンの徴募兵だった。極寒の地で作戦行動に出る陣立てとはおよそ言い難い。鉄道利権への執着はあっても、派兵そのものには気乗り薄な本国政府の空気をそのまま映していた。

各国派遣軍合同の分列行進はウラジオストク中心部で挙行され、早朝から見物の人垣ができた。狙いはシベリアのボリシェヴィキ勢力や「国際主義者」の戦争捕虜に対するデモンストレーションだ。各国の派遣軍が様々な国旗を押し立て、軍楽隊を先頭に現れるたびに、市民はお祭り気分で「ウラー（万歳）」と叫んだ、と山内記者は描写する。ところが、日本の軍隊が登場すると雰囲気は一変した。軍楽隊が付かず、ラッパ手のみによる毅然とした行進には、軍律の厳しさが垣間見えただけでなく、殺気立つような気配すらあって、見物人は「ウラー」の声を上げるどころか、水を打ったように静まり返った。

ただし、ジョン・ステファンの異説もある。各国軍の行進の間中、日本軍楽隊がスーザ作曲の「ワシントン・ポスト・マーチ」を繰り返し演奏したというのだ。

シベリアに派遣する兵員数に関して、アメリカは日米同数の各七〇〇〇を主張した。日本軍は派遣軍司令部をウラジオストクに置き、シベリア各地の事情を盾に一万二〇〇〇の大軍を送り込んだ。事実、現地の治安は事前の見立てよりも悪化しており、アメリカもしぶしぶこれを認めた。日本の国土はロシアと内海を隔てて向き合い、南満洲や朝鮮半島の勢力圏に至っては地続きだ。安全保障の観点から、日本がシベリア出兵に他の同盟国とは違う目的を見出していたのは確かだ。同時に、浦潮《うらじお》派遣軍が二万個もの防毒マスクを装備したことからもわかるように、大戦の延長としてドイツ軍との衝突を予想していたのも間違いなかった。

この間、ウラル地方東部、エカテリンブルクにある元商人の館の半地下室で、ロマノフ王朝最後の皇帝ニコライ二世一家が、ウラル・ソヴィエト執行委員会の決定により、秘密警察チェーカーの手で銃殺されていた。一九一八年七月一六日から一七日にかけてのことだ。

「処刑は厳重に秘匿され、死体は水没した廃鉱にいったん遺棄されたが、誰かに見られた可能性があるとわかり、翌日現場から回収されて、新たに近郊の沼沢の多い窪地に埋め直された。その際、後世も身元が判らないよう、顔と体に硫酸がかけられた。……二〇〇〇年、ニコライ二世一家はロシア正教会によって聖人に列せられた。その称号『新致命者』は、異教支配の下で永眠した者だけに与えられる。三年後には、元商人の館跡に『血の上の教会』が建てられた」（ダリア・

ケジナ『ロシアNOW～皇帝一家殺害に残された謎』)。

ツァーリ一家が殺害されたとの噂に接しても、信じようとしなかった皇帝の従妹マリア・パヴロヴナ・ロマノヴァは、降嫁して皇籍を離れていたが、「一段と勢力を増強してきたボリシェヴィキは、国民のなかの知識階級に標的を定め、とりわけ旧体制下で活躍した者達を対象に残忍な粛清を行おうとしていた」と、肌で感じた恐怖を綴っている。

九.『浦潮日報』という物見やぐら

各国派遣軍のウラジオストク上陸を直接取材した若手記者山内封介が、東京から現地へ旅立ったのは一九一八(大正七)年七月。ニコライ堂付属神学校で学んだロシア語と、日本電報通信社(共同、時事、電通各社の前身)で身につけた取材力を、革命と内戦の波に洗われる隣国で試したい——。山内は野心を隠し切れなかった。当時ロシア国内で唯一の邦字紙『浦潮日報』で働くことが決まっていた。のちに山内は、ゴーゴリ、ツルゲーネフ、トルストイら著名なロシア文学者の作品からレーニンの『一歩前進、二歩後退』、『ロシアにおける資本主義の発展』のような政治論文、そしてロシア語学習テキストまで、幅広く手掛ける稀有な翻訳者、著述家として活躍する。

旅券は発給願いを提出してから一週間であっけなく下りた。東京を発つ当日になって、山内は知り合いの在留ロシア人から、一人娘をウラジオストクまで同行してもらえないかと頼まれる。ジーナは一九歳だが、山内の目にはもっと大人びて見えた。帽子から靴に至るまで夏らしくすべて白で包んだ美女を旅の伴侶に得て、若い男が喜ばないはずがない。しかもジーナは快活でよくしゃべった。

ロシア帝国陸軍中将だったジーナの父は革命前までモスクワに一家を構え、ジーナ自身は父の部下である青年将校と交際中だった。革命でボリシェヴィキが権力を掌握すると、ジーナの恋人は白軍に身を投じるため、行方をくらました。

革命勃発後にロシアから逃れた難民、亡命者は二〇〇万人といわれる。ジーナの父も家族を引き連れ、モスクワからエカテリンブルク、オムスク、チタ、ハバロフスク、ウラジオストクとシベリア鉄道で東へ落ち延び、手元に残る多少の蓄えを頼りにして一二月に日本へ渡った。その後、ウラジオストクからの知らせで、ジーナの恋人が同地で無事なことがわかった。ジーナはすぐに日本海を渡ろうと決めた。治安の悪さを心配し、娘に自制を求めた父親の言葉は、一刻も早い恋人との再会を熱望するジーナの耳には入らなかった。

東京から汽車で敦賀に出て、ウラジオストク行きの定期船鳳山丸に乗り継ぐ。

「……あんな嫌な、汚い、感じの悪い街は、露西亜に稀なんです。あんな処の第一印象が、あなたの露西亜観を、今後幾分でも支配するようなことがあれば、わたし、露西亜人として残念ですわ」（山内前掲書）。

ジーナの言葉に山内本人も多少不安を覚えたが、四十数時間の船旅を経て目にしたのは、色彩豊かな家々が絵のように配置されているヨーロッパ風の街並みだった。異臭を放つ中国人苦力たちが船客の荷運びにありつこうと浅ましく争う同じ埠頭で、ジーナの恋人が花束を手に待ち受けていた。旅装を解いた山内は、現地見物の定番として、真っ先にシベリア鉄道の終点ウラジオストク駅に足を踏み入れたはずだ。それは童話に出てきそうなかわいい駅舎で、前の年の夏、ペトログラードを目指す作家サマセット・モームが列車待ちの時間を過ごしている。当時のモームには、イギリス秘密諜報部員という別の顔もあった。

『浦潮日報』の創刊号は、一九一七（大正六）年一二月九日付で出ている。十月革命直後の乱気流のなかだ。主筆で社長の和泉良之助は、「在留日本人への情報提供を目指し、日露両国民相互の理解と親善、我国、我同胞の無形の統一と進歩を目的とする」と編集方針に謳った。激動の時代の、激動の地にありながら、『浦潮日報』は日本軍のシベリア撤兵後も新聞の看板を下ろさず、三一（昭和六）年後半まで発刊を続けた。しかも、創刊から終刊まで通常四ページ建ての新聞を平均週五日のペースで出していたというから精力的だ。

『浦潮日報』を興した和泉良之助は東京外国語学校露西亜語科の二期生で、二葉亭四迷に学んだ。

日露戦争では、二葉亭の推薦で乃木希典大将の従軍通訳を務め、戦後ウラジオストクに渡って、日本人居留民会付属のロシア語学校で教えた。四六歳になっていたが期するものがあり、私財を投じて新聞創刊を準備した。和泉はのちに、有力記者になってゆく山内封介を、「一騎当千の人材」と高く評価している。『浦潮日報』で働き始めた直後から山内は、ロシアを揺るがす世紀の激動を否応なく目のあたりにすることになった。

創業者の和泉がたとえどんな高邁な編集方針を掲げようと、『浦潮日報』を取り巻く特異な環境を考えると、シベリア出兵で乗り込んできた日本軍と距離を置き続けるのは至難だった。特に、宣伝戦の重要性を熟知する特務機関が、マスメディアとして影響力の大きい新聞の存在を視野に入れないわけがない。『浦潮日報』ロシア語版の発刊事情はそのいい例だった。

一九二〇（大正九）年春、樋口季一郎大尉は陸大卒後の初任地ウラジオストクで、上官の現地特務機関長井染祿郎大佐から一風変わった任務を命じられた。

「樋口、大変な問題が起った。お前に一つ大いに働いてもらいたい。……今からロシア字新聞を発行するのだ。お前は主筆かな。編集長かな。いや両方を兼ねるというが適切であろう。そしておれは社長だ」（樋口季一郎『アッツ・キスカ軍司令官の回想録』）。

当初、樋口は『浦潮日報』の名を騙《かた》ったものの、和泉の邦字紙とは無関係に、特務機関の通訳らを使って、編集から印刷までひとりで切り回したらしい。そうやってとりあえず船出させたロシア語版の製作を、井染が程なく和泉に本業の一部として引き取らせた。

余談だが、のちにハルビン特務機関長を務めた樋口は、ナチスの迫害を逃れてきたユダヤ人難民の保護に奔走した。その伏線は初任地のウラジオストクでユダヤ人家庭に下宿した経験にあったのだろう。イスラエルではいまだに樋口の功績が語り継がれているという。

「『浦潮日報』ロシア語版は日本軍憲の半官報だった」と証言するのは、のちに亡命先のハルビンで才能を開花させるロシア未来派の詩人ネスメーロフだ。ネスメーロフはジーナの恋人と同じく、十月革命後に反ボリシェヴィキの戦列に身を投じ、白軍将校として戦った。白軍が敗走し四散すると東へ逃げ延び、一九二〇年春にウラジオストクに着いた。同地は事実上ボリシェヴィキ体制下にあったが、日本軍が革命軍武装解除作戦を画策し、ボリシェヴィキ勢力を一掃したので、偽の身分で潜伏中だったネスメーロフは救われた。忘れかけていた詩作の意欲がまた湧きだすのを感じた。

地元新聞に詩を投稿したところ採用になり、掲載紙を眺めてひとり悦に入っていたウラジオストク市内の小公園で、ネスメーロフは見知らぬ日本人に声をかけられている。ロシア語新聞の発行を押し付けられて、現地スタッフを探していた和泉だった（望月恒子「詩人ネスメーロフのウラジオストク生活と亡命」）。

金沢大名誉教授の橋本哲哉によれば、和泉は新聞報道を巡って何回か日本軍に拘引されている。

断れる話ではなかった。ロシア語版の発行を引き継ぐにあたって、和泉は井染から前受金の名目でまとまった金額を受け取った。それでもロシア語版は無料配布する条件だから、先行きの採算は不透明に思えた。

結果から見ると、和泉の心配は杞憂に終わる。社業最盛期の一九二一、二年ごろには、「邦字紙一萬五千、露字紙四萬部刊行」、「社員八十三名、雇員を合すれば百十数名に上り、株式配当五割……」と、紙面で誇るまでになった。この「邦字紙一萬五千」という数字は、当時の地元在留邦人数六〇〇〇弱をはるかに上回る。派遣軍将兵が大口の購読者になっていた証拠だ。

ネスメーロフと和泉が偶然出会うエピソードはいかにも出来過ぎている。日本軍の宣撫《せんぶ》手段である『浦潮日報』ロシア語版のスタッフに誘われる以上、思想傾向が不問に付されるわけがない。実際のところ、日本の特務機関にあらかじめ身元を洗われていたのだろう。勧誘に喜んで応じたネスメーロフは、しばらく『浦潮日報』で働いた。ウラジオストクにたどり着いたとき、手持ちの拳銃を売り、その代価の二〇円でなんとか生活しようとしていたので、『浦潮日報』から給料として支払われた二〇〇円はこのうえなくありがたかった。

ウラジオストクではその後、別の邦字紙も発刊された。浦潮派遣軍は一九二二（大正一一）年秋の完全撤退にあたり、地元邦字紙に分け隔てなく経営支援金を渡している（「政変後の露国新聞調査報告の件」、大正一一年一一月一六日付）。ある種、懐柔の意図を含んだ事後対策だろう。

そのうち、『浦潮日報』には邦字版分として五〇〇〇円、ロシア語版分として七〇〇〇〇円の計一万二〇〇〇円が支払われた。また、山内封介ら現地駐在の記者四人には個人として現金が贈られている。『浦潮日報』は、社として支援金を受けた以上、社員個人としては受け取れないと一応の矜持を示したが、山内に対しては、派遣軍から「過去四年の極東」をテーマに本を出版せよ、という特別な注文がつき、例外扱いしたようだ。帰国を条件に山内は一〇〇〇円を受領したとみられ、内地に戻って、『シベリヤ秘史』を著した。出版費用の出所に配慮して、山内が筆を曲げたのなら問題だが、同書の派遣軍に対する論調は、当時の主要紙一般と比べて特段変わるところはなく、おもねった印象もない。

一〇. 円経済圏拡大の野望と植民地中央銀行の座

第一次大戦が勃発した時点で、日本の近代化の歩みはまだ五〇年に満たない。明治維新の統治の形は、天皇という古い国体の名分を借りて、国民国家統一の拠り所にするものだった。同時に、国際社会に船出するうえで、西欧列強に侮られない国家の体裁づくりをどうするかが最大の懸案となった。急《せ》き立てられるように、国外から先進的な制度や技術を次々に採り入れたのはそのためだ。世界を見回しても、〝革命〟の一翼を担った青年たちが、新国家建設のヒントを求めて競って外国視察に出るような例は稀有だ。

金本位制の採用も明治四年と実に早い。ただ、アジア諸国の多くは中国も含めまだ銀本位制を採り、メキシコ産の銀を貨幣の物差しにしていたので、金本位では貿易に不便だった。そこで政府は円銀も認めることにし、事実上、金と銀の複本位制となった。やがて世界の趨勢が金本位に傾くと、金と銀の交換価値の差が大きくなる。日本金貨が海外に流出し退蔵されたため、日本は危うく銀本位制になりかけた。日清戦争の賠償金二億両（＝テール、銀取引の重量単位）を英貨ポンドで受け取ることによって、明治三〇年、やっと金本位制に回帰することができた。ポンドは当時の国際金本位制の基軸通貨で、価値の安定度は群を抜いており、金への交換も容易だった。

金本位制のもとでは、紙幣を同価値の金と交換（兌換）できる。ただの紙切れが一国の正貨として流通するのは、それが金兌換券だからだ。このとき、通貨当局（国や中央銀行）の金庫には、通貨の全流通量に見合う価値の金貨金塊がうず高く積まれていなければならない。それが金準備（高）だ。一国の金準備の性格を、正貨価値の保証という面から見ると、「正貨準備」と呼ぶことができるし、他方、外国貿易の決済手段と見れば、通貨当局が持つ「外貨準備」の一部ともいえる。外貨準備には金準備のほか、外債や外貨、外国預金などがある。

金準備の意味合いは、いまとシベリア出兵当時ではずいぶん違っている。世界の金融市場がリアルタイムでひとつに繋がり、為替レートが各国通貨の需給関係で刻々と変わる現在のような変動相場制の下では、一国の外貨準備は貿易決済のみならず、為替相場の急変動を抑制する手段、つまり中央銀行による為替介入の原資としても盛んに使われる。為替介入にはスピードが求められるから、外貨準備のかなりの部分を、瞬時にやり取り可能な外債や外国預金で保有する国が多い。しかし、第一次大戦前までの国際金本位制の世界では、外貨準備の主役は明らかに金貨金塊だった。一国の金準備の多寡を見れば、その経済力が推し量れた。

アメリカが、「機会均等」、「門戸開放」を大義名分に、中国市場に攻勢をかけると、日本が対抗して円経済圏の拡大を模索したことはすでに述べた。その突破口として日本は、日露戦争の戦果として自国の勢力下にあった旅順、大連と長春以南の鉄道付属地、そしてその周辺を円経済圏に取り込もうとしたが、現地は銀を基軸とした中国の諸通貨が入り乱れるように流通しており、幣制統一は容易でなかった。しかも、通貨史家の多田井喜生によれば、円の経済圏を満洲に広げる担い手として、朝鮮銀行を推す金建て派と、横浜正金銀行に期待する銀建て派の国内対立が絡み、しばらく迷走が続いた。

朝鮮銀行（のちの日本債券信用銀行）は、日本政府が監督する日韓併合後の「朝鮮総督府中央銀行」となっていた。現地で朝鮮銀行券（鮮銀券）を発行したが、これは金本位紙幣である日本銀行券と兌換が保証されていたから、鮮銀券の流通範囲は事実上、金本位の円経済圏となった。「朝鮮総督府中央銀行」の立場に飽き足らない同行は、満洲、シベリアを含む広域での事業計画を温め、政府に支店増設を願い出るとともに、「北東アジアへの日本の経済拡張を金融機関として支援したい」と率直に表明していた。

もう一方の横浜正金銀行（のちの東京銀行）は、貿易金融・為替専門行として出発し、一八九三年の上海進出を皮切りに、香港、天津、営口、北京と海外営業網を広げていった。飛躍のきっかけは、日露戦争開戦に伴って大連出張所を開設した際、日本軍が戦地で通貨代わりに使う軍票の取り扱いを始めたことだ。中国本土や満洲での営業拡大に弾みがつき、政府から監理官を迎え入れて公的性格を強め、ついに銀本位の円紙幣発行を国に認めさせた。北京政府に対する列強の借款団の幹事行となるなど、横浜正金は朝鮮銀行に先駆けて満洲の「中央銀行」の座を掴《つか》みかけていた。

朝鮮銀行の総裁を経験した勝田主計《しょうだかずえ》が寺内首相に乞われて蔵相に就任すると、満洲の「中央銀行」を巡る二行のつば競り合いにあっさりと決着がついた。一九一七（大正六）年、勅令で鮮銀券に満洲での強制通用力が付与された。日本政府が同券を決済の最終手段としてあらためて認めたのだ。これに伴い、横浜正金は為替銀行としての本来業務に専念することになり、南満洲にすでに展開していた旅順、遼陽、鉄嶺の三支店は朝鮮銀行に営業譲渡せざるを得なかった。

満洲駐在の横浜正金銀行と朝鮮銀行両支店長のさや当て場面を多田井喜生は、『朝鮮銀行回顧録』を踏まえ、次のように再現している。

「なんだよ、朝鮮銀行なんて、ひよこみたいなものじゃないか、世界中に張り回しておる正金の網が破れるもんかえ」。

「なあに、網にもいろいろある。満洲に張っている正金のぼろ網くらいは、元気なひよこは突き破るさ」。

横浜正金は紙幣の発行権を失ったばかりでなく、不動産長期金融の業務まで国策会社の東洋拓殖に移譲を求められ、憤懣遣る方なかった。

二．シベリアにおける朝鮮銀行

日本がシベリア出兵宣言を発する直前の一九一八（大正七）年七月、大蔵省は派遣軍の軍資金に関して、「種類は朝鮮銀行券または金兌換軍用手票（軍票）を使用する」が、「なるべく朝鮮銀行券の流通を図る方針を採る」と決定した。軍票も用意するが、補助的手段だというのだ。

朝鮮銀行はその二年前から周到に営業拠点をウラジオストクに用意していた。当時のロシアは政策上、外国銀行の新規出店を認めなかったので、第十八銀行がそれまで隠れ蓑に使っていたウラジオストクの日系商社の一部門を、旧名の「松田銀行部」のままロシア語に堪能な社員ごと、そっくり引き継いでいた。

第十八銀行というのは、長崎に本店を置く一地方銀行だ。それが、この時代、どうしてウラジオストクにまで営業網を伸ばしていたのか。理由のひとつには「からゆきさん」の存在があった。「からゆき」とは本来、長崎港周辺、島原半島、天草諸島あたりの土地の言葉で、男女を問わず海外出稼ぎ者一般を指した。この地域が「からゆき」におおらかなのは、貧困や人口過剰のせいだけではなく、古くからの開港場所、長崎の経済圏に生きることで、異郷や異人を恐れない気質が育まれたからといわれる。地元に根付く海外志向は、当初、国立の銀行として出発した第十八銀行の経営戦略にも当然影響を与えた。海外支店網の充実に力を入れた同行は、出稼ぎ先の「からゆきさん」と日本の故郷とを結ぶ役目を果たした。ただ、ロシア極東との繋がりに絞れば、母港のあるウラジオストクの結氷期、船舶修理を兼ねて長崎に来航し、長期滞在していくロシア艦隊の将兵たちと、彼らを慰撫するため、市内の景勝地、稲佐山の保養施設に、近在の貧家から集められた若い娘たちとの関係抜きには語れないかもしれない。一九一〇（明治四三）年の統計では、ウラジオストクの在留邦人約三〇〇〇のうち、半数が長崎、熊本両県出身者に占められていた。定期航路も開かれ、「長崎県浦潮」と住所を書いた手紙が、ちゃんと相手に届いたという冗談めいた逸話さえ残る。

北東アジア進出に政府からお墨付きを得た朝鮮銀行は、シベリア出兵が始まってまもない九月には、シベリア鉄道のハバロフスク、スパスカヤ、中東鉄道の満洲里、一〇月にチタ、一一月に北満のチチハル、アムール州都のブラゴヴェシチェンスクと、矢継ぎ早に営業網を広げた。「松田銀行部」の看板を、晴れて朝鮮銀行ウラジオストク支店に掛け替えたのは一九一九（大正八）年の暮れだった。ライバルの横浜正金銀行も前年までに、市内目抜き通りに面した一等地に支店を確保していた。建物は現存し、いま国立アルセーニエフ博物館として街の風景に溶け込んでいる。

第一次大戦の勃発に伴い、金本位制を採る主要参戦国は、帝政ロシアを皮切りに、相次いで金輸出を禁止した。戦費調達用の金準備が払底するのを防ぐ狙いだ。一九一七年九月にアメリカが金兌換の一時停止と金の輸出禁止を発表すると、日本も直ちに追随した。つまり、シベリア出兵開始の時点で、主要国の金準備は、貿易決済手段としての機能を停止していたことになる。

大戦の終結に先がけて、早々と金輸出を解禁したのはアメリカだった。対米貿易黒字のある国にはアメリカから再び金が流入し始めた。しかし、日本を含む主要国でアメリカの金解禁にならうところはなく、各国とも手持ちの金準備を減らさない政策を続けた。金が国境を越えて供給されなくなれば、主要産出国以外の市場での金の希少性は相対的に高まる。金を巡るこうした特殊な国際環境下で、日本軍は全派遣軍中、最も遅くまでシベリアに残り行動を続けた。

第二章――シベリア金塊の正体

一．五〇〇トンの黄金

自分のいまいる場所がわからないと、いつまでも目的地にたどり着けないように、シベリア財宝、ロマノフの黄金、あるいはロシア金塊などと様々に呼称されているものに、まずは明確な定義を与えないと前へ進めない。もちろん、定義には諸説があり、様々な解釈と数字が存在する。『プラウダ』紙の元日本支局長ラティシェフの著書に、『ロシア金塊の行方・シベリア出兵と銀行』（一九九七）がある。日本語資料も駆使したこの著作に注目が集まったのは、それまで断片的にしか論じられてこなかった金塊の行方の全体像に、ロシア側から最初に光を当てたからだ。ラティシェフは、『コムソモールスカヤ・プラウダ』一九九五年二月三日号の報道に依拠して、第一次大戦中の一九一五年初頭にロシア国有の金塊は、首都ペトログラードのほか、当時いずれもロシア領だったポーランドのワルシャワ、ウクライナのキエフ、ラトビアのリガに分散される形で総計一三三七・九トンあったとした。それが皇帝の軍隊の劣勢で、国境から遠い地に疎開が検討され、同年一月から二月にかけて、「金とプラチナのインゴット及び金銀のコイン」が、主にカザンとニジニ・ノヴゴロドに移されたと解する。

一方、通貨史家の多田井喜生は、『大陸に渡った円の興亡』（一九九七）で、日本の財政当局、政治家、銀行の動きと関連づけてシベリア金塊の行方を論じ、一石を投じた。朝鮮銀行の後身、日本債券信用銀行で常務を務め、社史編纂にも関わった多田井には、同行に残る古い資料を自由に渉猟する機会があった。ロシアの金塊と朝鮮銀行の深い繋がりについてはのちに詳しく述べるが、これは大きなアドバンテージだ。多田井によると、大戦直前の一九一四（大正三）年七月に、ロシア帝国銀行が保有していた金準備は一六億ルーブル、重さにして一二四〇トンあった。これにイギリスなど海外への預託分一一〇トンを加えると一三五〇トンになり、ラティシェフの数字とほぼ重なる。ロシア国内の金準備一二四〇トンは、十月革命までペトログラードやモスクワなどに分散保管されていた、と多田井は解した。

一二四〇トンという金保有高は、当時アメリカに次いで第二位、全世界の金準備六六六〇トンの二割を占める莫大な量だ。十月革命でケレンスキーの臨時政府を倒したボリシェヴィキは、帝国銀行から看板を掛け替えていたペトログラードの国立銀行に即時恭順を求めたが、拒否されたので武力に訴え接収した。このとき、「ロシア通貨の番人」から押さえた金準備は一二億六〇〇〇万ルーブル相当、約九七六トンである。戦争の三年半で一二四〇トンから九七六トンへ、二六四トンの金塊が失われたことになる。

革命で職を追われた後もロシア金塊の行方を注視し続けたロマノフ王朝政府の元大蔵次官ノビツキーの証言（フランス『ル・タン』紙、一九二〇年一〇月一九日付）によると、目減りした二六四トンは、イギリスから借りていた戦争借款の利息に消えた分だった。この時期のロシアは、他の主要参戦国と同様に金の輸出を禁じていたはずだが、ノビツキーは立場上、表に出ない金塊輸送の内幕を知っていた。当初、バルト海～北海経由でロシアからイギリスに利息分の金塊を運んでいたが、数隻の船舶がドイツ軍の水雷によって撃沈されたので、以降は金塊をウラジオストクから日本の巡洋艦に積み替えてカナダのバンクーバーまで回送した、とノビツキーは言う。研究者の斉藤聖二の指摘では、北米大陸を横断したロシア金塊の最終的な納入先は、イングランド銀行オタワ支店だった。カナダ東海岸の銀行に引き渡して事足りるなら、イギリス本土まで、危険を冒してドイツ潜水艦が遊弋《ゆうよく》する大西洋を渡らずに済む。

多田井説では、十月革命後、財務人民委員部の決定で、一九一八年五月から七月にかけて、「金貨約五億ルーブル、金塊白金五三一箱、銀貨八〇〇万ルーブル、利子証券一億三三〇〇万ルーブル」がカザンに移送された。ソヴィエト政府が管理するそのカザンの保管庫が、一八年八月にチェコ軍団に攻め込まれ、六億四五〇〇万ルーブルが奪われた。

一方、ラティシェフ説では、ロシア内戦中、カザンの国有財産保管所がカッペリ軍に襲われ、「大部分とはいわないまでも、相当部分」、つまり六億五七〇〇万ルーブルの金塊が持ち去られた。多田井とラティシェフの数字はここでもほぼ一致（約五〇〇トン）している。

ラティシェフの記述に出てくるカッペリ軍とは、旧帝国陸軍のカッペリ大佐に率いられた反ボリシェヴィキ派将校やウラル地方の大企業労働者、学生を中核にした白軍兵団だ。第一次大戦の東部戦線で砲兵連隊長としてドイツ軍と対峙し、武名を高めたカッペリは十月革命勃発後、出身地のサマラで兵を養い、動き出す機を窺っていた。日本陸軍が訳出したカッペリ追悼時の事績紹介（大正一一年六月付）によると、その人物像は「古武士」を思わせた。一九一八年五月のチェリャビンスク駅事件以来、ボリシェヴィキ勢力と各地で衝突していたチェコ軍団の一部は、六月にはサマラに迫った。カッペリの部隊はその先導役を務め、雪解けで増水したヴォルガ河をチェコ軍団に渡河させ、サマラ制圧を成功させた。

サマラ、シムビルスクを奪われると、ソヴィエト政府は切羽詰まった。シムビルスク出身のレーニンは、モスクワの東方約七〇〇キロのカザンに集めていた金塊をヴォルガ河の水運を使ってニジニ・ノヴゴロドに移そうと決断する。

特別の訓令を発し、多数の技術者をカザンに動員して準備させ、八月五日午前八時、（路面）電車数台を国立銀行カザン支店前に停車させ金貨銀貨の積み込みを開始したときに、突然、砲撃が始まった（山内前掲書）。

銀行保管庫からのこの金塊強奪作戦でも、チェコ軍団とカッペリ兵団は連携している。したがって、多田井がチェコ軍の侵攻と捉え、ラティシェフがカッペリ軍の突入と記述しているのは、実際には同義である。

赤軍は態勢を整え直して、数時間後銀行に戻り、金貨の一部を回収したというから、襲撃した側にしてみれば、あらかじめ警備の隙を狙いすました一撃だったのだろう。

《チェコ軍団－カッペリ兵団》がカザンの銀行を襲い、金準備約五〇〇トンを強奪するタイミングは、各国シベリア派遣軍のウラジオストク上陸とほぼ一致している。ソヴィエト政府内に走った動揺は想像を絶する。

それにしても金塊五〇〇トン――。大国の金融政策に直接携わった経験でもない限り、その価値を実感として理解できる人間はまずいない。

五〇〇トンといえば、いまのユーロ経済圏を統括している欧州中央銀行の金準備高に匹敵する。ちなみに日本の金準備高は約七六五トンだ（財務省統計　二〇一八年七月末残高）。金準備の多寡と一国の経済力がリンクする時代でなくなったことはすでに述べたが、それでも欧州中央銀行の金準備高は世界第一二位の水準にある。一〇〇年前、ヴォルガ・タタール人の古い都カザンの地で争奪の的になった金塊は、どれほど途方もない量だったのか。

重要なポイントなので、以下もう一度整理すると、大戦直前のロシア帝国内には一二四〇トンの金準備があったが、ソヴィエト政府が十月革命直後に接収した時点では約九七六トンに減っていた。戦争の三年半で二六四トンが失われた計算だが、それはイギリスに頼った戦費借款の利払いに消えた分だ。ソヴィエト政府は金貨金塊を含む国有財産の少なくない部分を、一九一八年五月から七月にかけて、ヴォルガ河中流域に位置するロシア有数の都市カザンの銀行保管庫に移す。同年八月に《チェコ軍団－カッペリ兵団》がそこを襲い、金準備約五〇〇トンを奪い去った。

革命勃発から日も浅い一九一七年一二月二七日、レーニンの新政府は水兵と赤衛隊を動員してペトログラード市内の民営銀行（クレディ・リオネ、ニューヨーク・ナショナル・シティ・バンクの支店など外銀を含む）を占拠し、幹部らを逮捕したうえ、銀行国有令を発し、小口以外の預金をすべて国のものとした。

ソヴィエト政府のもとで銀行が国有化されると、各地の行政議決機関になっていた地方ソヴィエトはひどい通貨不足に陥った。現金は銀行にもなかった。出て行く一方で、入らなくなったからだ。住民は動揺し、地方ソヴィエトに苦情が殺到した。こうした状況を受け、ソヴィエト政府は国家の金準備を取り崩し、一般財源に充てた。

「一九一七年に政権を握ったボリシェヴィキは、食べ物や必要な設備を購入するため、金準備を積極的に使った」（アレクサンドル・ブラテルスキー『ロシアＮＯＷ～ロシアは金をどこに隠す』）。

政権を奪取し有頂天のボリシェヴィキ党員のなかには、資本主義に反対する極端な考え方、つまり通貨廃止論をまじめに言う者があった。彼らから見れば、通貨の存在こそ社会の混乱の元凶だった。現実主義者の顔を持つレーニンでさえ、「資本主義制度を破壊する最上の方策は、通貨を堕落させることだ」と語っていた（J・M・ケインズ『ケインズ説得論集』）。「レーニンの理解はまったく正しい」と近代経済学の祖ケインズは言う。国民間の貧富の差を一気に解消したければ、超インフレ誘導ほど即効性のある手立てはない。

実際、新生ソヴィエト政権は、国民の帝政復帰への期待やロマノフ通貨への信用を打ち砕くため、あえて十月革命前の流通紙幣と同じものを偽造して濫発した（多田井前掲書）。長い戦争でロシアの生産活動はあらゆる業種で停滞し、何もかもが品薄だった。そんななかで、通貨の流通量が増せば、物価は暴騰する。

一方でレーニンは、前衛党であるボリシェヴィキに潤沢な資金がなければ、政権は守れず、階級闘争にも勝ち抜けないと知っていた。新政府は銀行国有令とは別に銀行保管金庫検査令を発し、「金貨か金塊かを問わず、銀行に預けられている黄金は根こそぎ没収し国家の正貨準備に繰り込む」ことにした。価値が下落しない金ならば、手元にいくらあってもいい――。赤軍はカザンで奪われた金塊の回収に向けてサマラなど白軍支配地への攻勢を強めた。

「芬蘭共和国」、「タタール・バッハキル共和国」、「ドン地方政府」、「高加索政府」、「ゲオルギア共和国」――。

内戦期ロシアの混乱をまとめた日本の外務省資料のなかに、短命に終わった自称「政府」の名を延々と列記した表が残っていた。『浦潮日報』の山内封介も、「この間、幾度、自称政府が出現したろう」と嘆息している。帝政復古派から社会主義系まで、各「政府」の政治的背景は様々だったが、いずれも中央の革命政権の軍門に易々と下ろうとはしていない。合従連衡も目まぐるしかった。

二. 全ロシア臨時政府

一九一八年八月五日にカザンで《チェコ軍団－カッペリ兵団》が押さえた金塊約五〇〇トンは、数日後、チェコ軍団に守られてサマラまで運ばれ、同地の国立銀行支店と民間銀行に分けて納められた。カッペリ兵団が擁護していたサマラの憲法制定議会議員委員会政府（コムチ）の管理下に入った形だ。

翌九月、サマラとオムスクに並び立っていたふたつの白系政権が統一され、サマラを首都とする全ロシア臨時政府ができると、金塊管理もそのまま引き継がれた。サマラ政府は一〇月、西シベリアのオムスクに拠点を移すが、莫大な量の金塊は簡単には運べず、保管先を巡り論議が続いた。赤軍の大部隊が攻勢を強めると、白軍側はサマラから金塊を列車に積載し、ウラル山脈の東を目指した。チェリャビンスクなどを経て、金塊は国立銀行オムスク支店に納まり、記帳されるのは一一月になってからだ。

オムスクの銀行で保管された金貨金塊の総量は、ラティシェフによれば、三万五八九プード。ロシアの伝統的重量単位で一プードは一六・三八キログラムに相当するから約五〇一トン。

山内封介はもっと具体的に、①金貨―五億二三四五万八四八四ルーブル四二コペイカ、②外貨―三八〇六万五三二二ルーブル五七コペイカ、③金塊―九〇〇一万二〇二七ルーブル六五コペイカで、合計六億五一五三万五八三四ルーブル六四コペイカあったとし、前記ラティシェフの把握とほぼ一致する。したがって、カザンからサマラを経てオムスクまで運ばれる行程で金貨金塊の量に変化はない。

約五〇〇トンを支配下に置いた全ロシア臨時政府とは、どういう性格の政体だったのか。北海道大名誉教授の原暉之によれば、「もともとシベリア地方主義を背景にして成立し、……領域外の反革命政権と協調せず、全ロシア的課題を二の次とする傾向が強かった」。

対外的な協調性を欠いていただけでなく、五人の執政官による合議制を採用したことが災いして、いわゆる「決められない政府」であったらしい。これには、用心棒役として犠牲を払わされることが多かったチェコ軍団も不満を募らせた。臨時政府や軍の内部からも強いリーダーシップを求める声が高まった。あとから臨時政府に参画する旧ロシア帝国海軍の若き提督アレクサンドル・ヴァシーリエヴィチ・コルチャークが、彼らの期待を一身に背負うのだが、そこに至るまでには長い回り道があった。

三、流転の提督

話は一年前に遡る。一九一七（大正六）年一一月二一日、横浜港に接岸したサンフランシスコ発の日本客船火龍丸から、四四歳になったばかりのコルチャークが降り立った。海軍提督とはいっても、従者ひとり伴ってはいない。彼にとって三度目に踏む日本の土だ。一度目は北極探検に手を染めた若い日の世界旅行の途上で、二度目は日露戦争・旅順攻防戦の負傷捕虜として強制的に——。

不自由な俘虜《ふりょ》収容所生活ではあったが、日本側は敵味方を超えて勇敢な武人を認め、将官にふさわしい敬いの態度で接し、軍人の魂であるサーベルも取り上げなかった。まして講和を待たず帰国も許してくれた。

それとの対比で、コルチャークが苦々しく思い起こすのは、ロシア海軍を覆い尽くした急激な退廃だ。労兵ソヴィエトの影響力が高まると、上官に対する敬称が廃止された。水兵らは軍人の本分を忘れ、任務の遂行よりも選挙と討論を優先させる有様だった。対独戦が継続中だというのに軍紀軍律は地に落ちた。指揮命令系統の乱れに耐えきれなくなったコルチャークは、当時座乗していた戦艦の甲板から恩賜のサーベルを黒海艦隊司令長官の地位もろとも海に投げ捨て、憤然と任地を去った。周囲に取りなされ、軍事教官としてアメリカ海軍の招聘に応じたものの、満たされるものは何もなかった。米西海岸から日本にやってきたのは、祖国の海軍に復帰する経由地としてではない。

横浜の埠頭では駐日ロシア帝国大使館付武官のドゥードロフ海軍少将が待っていた。少将自らの出迎えは、「提督（中将）」であるコルチャークに対して、東京の大使館が払った変わらない敬意の表れだった。「祖国の異変」は船中でかろうじて耳にしていた。ドイツとの停戦交渉とは何のことか、コルチャークが出迎えのドゥードロフを質問攻めにしたのは想像に難くないが、首都ペトログラードと国外の通信はしばらく途絶え、ドゥードロフにも手持ちの情報はごく少ない。それでも展開が急であることは伝わった。「これは私にとって強烈な打撃だった。黒海艦隊で浴びたものよりももっと悪い打撃でさえあった」とコルチャークはのちに述べている（原暉之『シベリア出兵――革命と干渉』）。

同じころ、ペトログラードで革命政府の外務人民委員だったトロツキーは、ボリシェヴィキが革命翌日に決議していた「平和に関する布告（即時停戦と講和交渉即時開始）」を早くも実行に移し、連合国の大使たちに対して同調を求める働きかけを加速させていた。

コルチャークをサンフランシスコから横浜まで運んだ客船火龍丸には、中国問題でアメリカ政府と渡り合ってきた元外相石井菊次郎が乗り合わせていた。ほかに、「イギリスおよびフランスの軍事アタッシェから帰国途上だった陸軍参謀本部の山名久秀大佐も同乗していた」とするのは現代ロシアの歴史作家グザーノフだ。グザーノフによれば、帰国後の「山名」は妙なところで再びコルチャークと顔を合わせた。在日イギリス人中心の会員制社交場だというから、おそらく今日まで存続する東京倶楽部のことだろう。

旧ソ連時代にコルチャークの手記を検討した歴史家ヨッフェによると、コルチャークは横浜で「ヒザヒデ」という名の日本陸軍大佐と知り合い、上海でもこの人物がコルチャークの話し合い相手になり、しかもコルチャークに大いに感化を与えている。「ヒザヒデ」は汎モンゴル秘密結社メンバーで、上海へは中華民国に対する反乱計画に関連して来ていた。原暉之はヨッフェの指摘の裏付けを試みるが、不首尾に終わった。

確かに、当時の「陸軍現役将校同相当官実役停年名簿」に当たっても、該当しそうな人物は浮上しなかった。ヨッフェの言う「ヒザヒデ」が「山名久秀大佐」のことだとして、「山名」がコルチャークに打ち明けた来歴はいかにも荒唐無稽で怪しげだ。ありもしない肩書で近づき、作り話で気を引きながら、偶然を装って付き纏うあたり、戦争当事国いずれかの工作員に見えなくもない。しかし敢えていえば、浪人に近い身の上のコルチャークにプロのスパイをマンツーマンで張り付けることにどんな意味があるのか。謎は残る。

駐日イギリス大使のグリーンは、太平洋上を航行中の客船火龍丸から自分宛てに発せられた一通の電報に注目した。発信人はロシア海軍提督コルチャーク。内容はイギリス軍への志願だった。理由は、連合国の一員として戦ってきた軍人として、責務を最後まで全うするため。「身分は二等卒でも構わない」というコルチャークの電文には固い決意が滲んでいた。船中で聞いた「祖国の異変」が、コルチャークの背中を押したのだろう。イギリス政府に断る理由は見つからなかったが、ロシア海軍で赫々《かくかく》たる戦果を挙げてきた人物だけに起用法を考えあぐね、処遇と任地はなかなか定まらなかった。そうであれば、コルチャークの東京倶楽部への出入りにも合理的な説明がつく。

日本海軍有数のロシア通、田中耕太郎少将はかつて特別任務を帯びて黒海艦隊司令長官だったコルチャーク提督のもとを訪ねた際、思いがけない厚遇を受け、自宅にまで招かれたことから恩義を感じていた。東京のあるパーティでコルチャークと偶然再会した田中は、アメリカ海軍に関する情報を聞くなどして旧交を温めた。東京でのコルチャークは有り余る時間を使って誰とでも自由に会い、自由に語ったようだ。

イギリスはコルチャークを遠く中東のメソポタミア戦線に投入しようと決めた。そこに北京駐在のロシア公使クダシェフ（旧勢力）が現地の外交ルートを通じて口を挟んできた。十月革命を認めないロシア人の陣営がコルチャークを必要としている、というのだ。結局、イギリスはクダシェフの懇請を聞き届けた。

灼熱の中東でオスマン・トルコ軍と対峙する目算は大きく狂ったが、イギリス軍の指令とあっては服するしかない。上海を経てシンガポールまで南下し、次の指令を待っていたコルチャークは一転、北を目指した。祖国の旧勢力に担がれて白軍の指揮官に就任するため、北京経由でハルビンに入る。コルチャークの視界に、母国ロシアを蹂躙《じゅうりん》した仇敵として、ソヴィエト政府がはっきりした輪郭を現すのはこのときからだろうか。

ハルビンというところは、シベリア鉄道にチタで接続する中東（東支、あるいは東清）鉄道の起点だ。中露の協定で同鉄道とその付属地は、ホルヴァート中将を事実上の長とするロシアの旧勢力が中東鉄道管理局の名で支配していた。十月革命後、ハルビンは一時的に革命派の手に落ちたが、ホルヴァートは鉄道付属地に中国軍閥を導入して地方ソヴィエトを解散させ、革命派を一掃した。日露戦争の講和条件を決めたポーツマス条約で、関東州と中東鉄道の南満洲支線だった旅順~長春間の租借権をロシアから獲得した日本は、中東鉄道管理局の手法から大いに学んだといわれる。〝管理局〟とはいっても、実態は鉄道、民政、財政、外交、司法、軍事および商務の各機関を備えたひとつの独立政府だった。

コルチャークはその軍政担当理事、即ち軍事部門トップに迎えられ、祖国反攻の機会を探ることになった。しかし、それまでホルヴァート中将のもとで大きな裁量権を与えられてきた各部隊の長らは、新しい司令官をすんなり受け入れようとはしなかった。確かに海では百戦錬磨かもしれないが、陸戦を指揮した経験はないに等しい。コルチャークの存在感は一向に高まらず、ついには身内の離反さえ招き孤立していった。その経緯にはあらためて触れたい。

コルチャークが失意にまみれ、ハルビンから逃げるようにして東京に舞い戻ったのは、連合国のシベリア出兵が迫る一九一八（大正七）年六月だった。何の目算もないコルチャークの日本行きは、山内封介の目には「亡命」と映った。

ある日、コルチャークは東京駅頭に若いロシア人女性アンナ・チミリョーヴァを出迎え、宿泊していた帝国ホテルの部屋に導いた。アンナは友人の妻だった。コルチャークにも妻子がある。二人が秘めた恋の炎を燃やし始めたとき、コルチャークは四一歳、アンナは二二歳だった。密かに文通を続けるうち、互いに結婚をやり直したいと考え始めた。アンナは革命の混乱を避けて夫とウラジオストクに逃げる途中、提督がハルビンで新しい任務に就いたことを知る。運命を変えるときはいまだ、と考えて離婚に踏み切った。真珠の首飾りを売り払い、旅費を工面した。行き先は提督が〝出張〟しているという日本——。

アンナは東京で迎えたはじめての朝、コルチャークに伴われてロシア正教会に足を向けた。ひと気のない教会の礼拝堂でふたりは並んで立ち尽くし、日本人司祭が日本語で唱える祈祷の声を聞いて、結婚式代わりにした。記録にはないが、場所は神田駿河台のニコライ堂だろうか。提督がのちに非業の最期を遂げたとき、在日亡命ロシア人たちがそこで追悼ミサを営んだことは判っている。

東京の陸軍参謀本部は友軍の将官として訪ねてきたコルチャークを丁重に迎えた。大陸反攻の意志自体を捨てたわけではないコルチャークは、日本の支援を率直に求めたが、参謀本部側は言葉を濁すばかりだった。シベリア出兵戦略の大枠はすでに固まっていた。現地の白軍で肩入れする相手を、セミョーノフというまだ若いコサックの頭目や、老獪なホルヴァート中将に定め、水面下の工作も進んでいた。キーマンのリストに「コルチャーク」の名がなかったのは、ハルビンでコルチャークの動向を窺っていた現地特務機関から、芳しくない報告が上がっていたからだ。「気位《きぐらい》が高いうえ、感情の起伏が激しく扱いづらい」との人物評は、「提督は正直で有能だが、気分屋だ」というグリーン駐日イギリス大使の見立てとよく似ていた。

進退窮まっていた東京のコルチャークの前に、意外な人物が救いの神として現れる。イギリスのシベリア派遣軍を指揮することになるノックス少将だった。

ノックスは大戦前の一九一一年に駐在武官としてペテルブルク（改称前のペトログラード）の

イギリス大使館に赴任している。大戦が始まるとロシア軍との連絡将校を務め、十月革命の最中には、殺気立つボリシェヴィキ党本部のなかに単身で踏み込むのも厭《いと》わなかった。ロシア人の気質を理解し、言葉に不自由しないため人脈も太かった。友軍の立場でコルチャークとも面識程度はあったが、東京で初めてじっくり対話してみて、あらためて感服させられるものがあった。

日英同盟の絆から永田町の陸軍参謀本部を表敬訪問したノックスは、コルチャークに対する日本側の評価をあらためて探るため、「我々の目的にとって、彼が最高のロシア人であることに何の疑いもない」との意見をあえて披瀝してみた。日本側は異議を差しはさまなかった。ノックスはコルチャークの後ろ盾になる決意を固めた。

コルチャークはその軍人生命を再びイギリスに拾われた。ソヴィエト政権と戦う意志は変わらないが、ホルヴァート中将の配下にはもう戻らない。迷わずウラジオストクを目指せばいい。ただ、現地の政治情勢の混沌はハルビンの比ではなかった。ノックスは、自分がウラジオストクに行って状況を確認するまで、東京を離れないよう釘を刺した。コルチャークは助言に従って、東京からの出発をしばらく遅らせた。

高揚感のなかでコルチャークは、どの戦線に復帰するか大いに迷い、揺れ動いていたようだ。「ウラジオストクに発つ時点では、南ロシアに飛び地のように確保された白軍支配地区を目指そうかと迷っていた。そこは黒海に面した港湾都市オデッサの近くで、彼が知る限り、戸籍上の妻ソフィアと息子が偽名で暮らしているはずだった」。とはいえ、「二週間前まで、コルチャークはグリーン駐日イギリス大使に、〔英軍が駐留する〕北ロシア・アルハンゲリスクに向かいたいと語っていた」（フレミング『コルチャーク提督の運命』）。

九月まで待ったコルチャークは日本海を渡り、一年余り留守にしていた祖国の土を踏むのだが、実際、人と会う約束も、まとまった資金も何も持っていなかった。

四.コルチャーク独裁政権の誕生

ウラジオストクに渡ったコルチャーク提督の消息はしばらく途切れるが、突如、西シベリアの中心都市オムスクから、「全ロシア臨時政府の陸海軍大臣に就任」とのニュースが飛び込んできた。そこは、かつてドストエフスキーが社会主義サークルに関与したとして、首都で死刑に処される寸前、罪一等を減じられ、鞭で重労働に駆り立てられた流刑の地だ。全ロシア臨時政府の首都になっていたオムスクにはイギリス軍が駐屯していた。ノックス少将に伴われてオムスク入りしたコルチャークにとって、そこは何のゆかりもない土地だったが、オムスクの人々にとってコルチャークは、レーニンに勝るとも劣らない著名人だった。

自軍を持ったコルチャークは、オムスク衛戍《えいじゅ》司令官らが一九一八年一一月一七日に決起したクーデターで元首に担がれ、「決められない政府」から全権力を奪取した。クーデターが起きたとき、ノックスは不在だったが、イギリス派遣軍第二五ミドルセックス大隊がオムスクの街頭に機関銃を据えてクーデターを防衛した。コルチャークは「全ロシア最高統裁官」と「全ロシア軍最高総司令官」を兼ね、その就任にあたり、「軍隊の建設」、「共産主義に対する勝利」、「法秩序の確立」の三大目標を掲げ、臨時政府から恒久政府に代わったと宣言した。帝政ロシアの正統な後継政府を自任する独裁国家の誕生だった。

オムスクでクーデターが起きる六日前に、ドイツと連合国の停戦協定が発効していた。東部戦線からロシアが脱落すると、ドイツは確かに戦力を西部戦線に集中できたが、長期の二正面作戦で国の体力は大きく削がれていた。連合国側の勝利を決定づけたのは、物量にものを言わせたアメリカ軍の参戦というより、ドイツの自壊だった。四年四ヶ月近く続いた多国間戦争が終わってみれば、ロシアのロマノフ家に続いて、ドイツのホーエンツォレルン家、オーストリアのハプスブルク家も君主の座を追われていた。

一九一八年暮れの段階で、日本を含む連合国はコルチャークの政権（オムスク政府）をまだ値踏み中で、ロシアの正統な後継政府とまでは見ていなかったが、同政府が帝政ロシアの債務を継承すると宣言しており、実際、相当な金準備を持っているらしいとの情報は各国間を駆け巡っていた。ただし、アメリカは半信半疑だった。

ニューヨークのアメリカン・バンク・ノート社は、十月革命で倒される前のケレンスキー臨時政府（二月革命政権）から額面七〇億ルーブル分の新紙幣印刷を代金先払いで受注しており、刷り上がった現品をどこに納めるべきか、アメリカ国務省に助言を求めた。

新紙幣の一時保管地として名前が挙がった日本の外務省も、この問題に関心を寄せ、ワシントンの大使館に国務省の考え方を探らせた。すると、以下のような返信が東京にあった。

「オムスク政府が準備金に充てんと称したる金塊はその実数、彼らの吹聴し居るほど多額のものに非ず〔と国務省は見ている〕」（大正八年一月八日付暗号電）。

駐米ロシア大使館（旧勢力）でさえ、オムスク政府へのスタンスを決めかねている状況なども勘案して、国務省は結局、巨額紙幣をオムスクに渡しても正貨準備（金準備）に裏付けられた兌換券にはならないと判断した。兌換できない多額の紙幣を濫発すれば、価値の下落を招き、経済を混乱させるだけだ——。

新紙幣はすでにサンフランシスコから積み出されウラジオストク港に到着していたが、国務省は荷揚げを許さず、米領フィリピンのマニラ総督宛てに回送させた。

オムスク政府は、乱れた幣制の整理や少額紙幣不足に対応するため、紙幣代用券を発行したり（一九一八年一〇月五日付）、五分利付短期国庫債券に額面相当の紙幣としての通用力を認める（同年一一月二六日付）など、弥縫《びほう》策に追われていた。なんとしてもアメリカの頑な方針を翻意させたい、と日英仏の外交ルートからも必死に働きかけた結果、とりあえず額面五億ルーブル分に限って引き渡しが認められた。マニラで保管されていた新紙幣は、日本船で香港、室蘭を経由し、本来の荷卸先であるウラジオストクに戻された。

帝政時代から勇名を馳せた提督を新たな総司令官に迎え、意気上がるオムスク政府軍（コルチャーク軍）は、クーデター翌月には早くもウラル山脈を東から西へ越えてペルミを陥れ、モスクワ政府を慌てさせている。攻勢に出たその戦列には未来派詩人のネスメーロフも身を投じていた。一九一九年一月、コルチャークは部下のヂチェリヒス将軍に命じて、皇帝御一家殺害事件調査委員会をつくらせた。イギリス軍はこのころ、連合国軍がウラル戦線支援のため続々押し寄せていると、事実と違う宣伝を繰り返し、コルチャーク軍の士気を煽った。

慌てるといえば、日本も大いに慌てた。コサック頭目のセミョーノフやホルヴァート中将に肩入れし、コルチャークを顧みなかったからだ。参謀本部はさっそく軌道修正してコルチャークのオムスク政権支持に回った。「コルチャークが平定するロシアは魅力的な市場になる」と踏んだ日本の財界からも、オムスク政府の早期承認を求める声が上がった。

シベリアでは各地に割拠する革命反対派の間でコルチャークの求心力が急速に高まり、次々にオムスク政府のもとに結集した。ハルビンでコルチャークの〝雇い主〟だったホルヴァート中将さえ恭順の意を示し、見返りとして極東最高代官の地位を与えられた。ところが、コサックの頭目セミョーノフだけはコルチャークの権威を認めようとせず、靡《なび》くことも媚びることもなかった。金塊のその後の行方を巡って、大きな鍵を握るこのセミョーノフという人物について、以下詳しく見ておきたい。

五．アタマン・セミョーノフ

グリゴリー・ミハイロヴィチ・セミョーノフは、モンゴル国境に近いザバイカル州のコサックの村で生を受けた。コサックとは、「自由な人」、「豪胆な者」を意味するトルコ語に由来し、伝統的にロシア中央からの束縛を嫌い、農村で軍事共同体をつくってきた者たちだ。

父はブリヤート・モンゴル人、またはモンゴル人の血を濃く引いたコサックであり、母はおそらく、歴史的な迫害を潜り抜けてきたロシア正教・旧儀派信徒の女性だった。通説とは違うが、ソ連崩壊後のロシアの研究で明らかになった（原暉之『アタマン・セミョーノフと「セミョーノフシチナ」再考』）。

旧儀派とは、主流教会派からラスコーリニキ（分離派）の蔑称で呼ばれ、古い宗教儀式と家父長制を頑なに守る一派だ。女性はプラトークと呼ばれる大判のスカーフで髪を隠し、伝統的なスカート姿で通す。

セミョーノフは、南ウラルにあった帝政ロシアの代表的なコサック将校養成機関オレンブルク士官学校を一九一一年に卒業し、ザバイカル・コサック軍の少尉に任官した。ウルガ（モンゴルの首都、現ウラン・バートル）に駐在した際、モンゴル語が話せる強みを自覚した。頭角を現すのは一七年夏、ケレンスキー臨時政府軍の総司令官コルニーロフの決起に加わってからだ。

コルニーロフ将軍はコサックの一兵卒から叩き上げ、軍紀軍律に厳格で指揮官としての戦歴も申し分なく、統制の乱れから弱体化したロシア軍再興の星として保守派や軍幹部を中心に人望を集めていた。臨時政府内からボリシェヴィキが深く関わる労兵ソヴィエトなど、左派勢力の影響力を一掃しようと狙ったこのクーデターは、自身の権力欲から出たものではなかったが、後ろ盾として期待した二月革命政権の首班ケレンスキーの猜疑を招き、失敗に終わった。決起の理由が理由だけに、コルニーロフは死後もボリシェヴィキ党の憎悪を一身に浴びた。エイゼンシュテインが監督したプロパガンダ映画『十月』（一九二八年）では典型的な憎まれ役として描かれている。

セミョーノフがコサック頭目（アタマン）に躍り出てくる土地の事情は複雑だった。

「シベリア、プリアムール、モンゴル、満洲の間の軸のような位置を占めるトランスバイカルは、東部辺境と中央を結ぶ横断ルート上にあった。一九一七年には、住民八二万五〇〇〇人のうち、ロシア人が三〇万、コサック二六万四〇〇〇、ブリヤート・モンゴル人二一万だった。十月革命はトランスバイカルを深々と分断した。ボリシェヴィキ、メンシェヴィキ、それに社会革命党（エスエル）の壊れやすい連合がチタに人民ソヴィエトを形成し支配した。貧農、鉄道員、復員兵がこれを支持した。旧帝国軍士官は裕福な農民やコサックと同様、人民ソヴィエトを信頼しなかった。セミョーノフが人民ソヴィエト打倒に着手した」（ジョン・ステファン『ロシア極東』）。

コサック軍の階級ではまだ一等大尉に過ぎなかったセミョーノフが、モンゴル・ブリヤート連隊を旗揚げするのは十月革命勃発の前々日。同連隊は初陣として一一月一八日、ヴェルフネウヂンスク（現ウラン・ウデ）で革命派に襲い掛かっている。つまり、セミョーノフは、武器を手にしてボリシェヴィキ政権に決起したロシア最初の人物となった。

一九一八年一月には、内蒙古に位置する中露国境の街、満洲里に本営を構え、自分の連隊を特別満洲里支隊に再編成する。容貌魁偉、禿げあがった頭、鋭い眼光――。当時の写真は五十代にしか見えないが、実際にはまだ二七歳だ。そのころ、ハルビンから逃げてきた地方ソヴィエトの指導者を拘束し、即決で容赦なく銃殺したことから、残虐体質との風評が広まった。

ただし、異説もある。浦潮派遣軍で独立守備隊兵士だった遼東新報記者の清水國治は、シベリアでの体験を踏まえ、セミョーノフの印象を「愛嬌のある好漢」と肯定的に描いている。教育環境に恵まれないザバイカルの辺境にあっても、セミョーノフは私塾で学ぶだけでなく、蔵書家だった父親の書棚のモンゴル関係書を熱心に読み漁った。少年ながら村で初の新聞定期購読者にもなった（原前掲書）。

士官学校の成績は優秀で、入隊後はコサック軍からウラジオストク東洋学院（現・極東連邦大学）の将校聴講生に推されていた。無教養な荒くれ者と決めつけるのは早計だ。東洋学院はロシアで最初の公的な日本研究機関だ。そのころから日本と縁があったことになるが、大戦勃発によってセミョーノフは同学院で学ぶ機会を逸した。

日本側でセミョーノフを最初に見出したのは、寺内正毅首相の意を受けて、シベリア出兵に先駆け、沿海州、アムール州を視察した参謀本部第二部長の中島正武少将で、「反過激派運動の中心となるのは、コサックを措《お》いてほかにない」と結論づけた。出兵が始まると、セミョーノフは日本から物心両面で手厚い援助を受けた。本人も日本への傾斜を隠さなかった。

親日派を自任するセミョーノフと親英派のコルチャークが深く反目する端緒は、ハルビンにあった。コルチャークがごく短期間、ホルヴァート中将のもとで中東鉄道管理局軍の指揮を執った際、セミョーノフの特別満洲里支隊はその隷下にあった。提督（中将）であるコルチャークが、年若い一等大尉のセミョーノフを、前線視察の名目でハルビンから遠く満洲里まで訪ねた際、セミョーノフはあえて駅頭で出迎えの礼をとらず、自尊心の強いコルチャークを虚仮《こけ》にしている。あからさまな挑発だ。両者が初めて対座した席で、セミョーノフの傍らには、日本軍から助言役として送り込まれた黒木親慶大尉が控え、睨みを利かせていた。

同時代人のジャーナリスト石原友一郎によれば、セミョーノフは、「自軍に送られるべき軍需品補給を、コルチャークがハルビンで遮断したため窮地に陥った」とホルヴァート中将に訴え、独立した指揮権を要求し、コルチャーク排斥を仕掛けた。他方、中島将軍がコルチャークを権威主義者と見なし、毛嫌いしていたこともセミョーノフに伝染したようだ。

オムスクにコルチャークが忽然と現れ、全ロシア臨時政府の陸海軍相に就任するよりわずかに早く、セミョーノフの軍は東シベリア南部の都市チタを占領し、本営を移していた。日本の第七師団の一部（満洲駐剳《ちゅうさつ》）が満洲里に進出し後ろ盾となった。チタを中心とするザバイカル州の支配権を確立したセミョーノフを、全ロシア臨時政府が放っておくわけがない。直ちに懐柔にかかった。大佐への昇進を約束し、麾下の部隊を臨時政府軍の第五軍団として認め、軍団長の地位を与えると表明、セミョーノフもこれを受諾した。ところが、そこにコルチャークが司令官（閣僚）として割り込んできた。中東鉄道管理局軍時代とまったく同じ構図だ。だからこそ遺恨試合の様相を呈した。コルチャークがクーデターでオムスク政府の全権を掌握したことに、セミョーノフが異議を唱えると、コルチャークは迷うことなく反逆者討伐命令で応えた。「私はセミョーノフを解任した。粗野な専横と無政府を永久にやめさせるためである」。コルチャークが送り込んだ討伐軍のザバイカル入りを日本軍が阻止し、セミョーノフ軍との衝突回避に動くと、コルチャークはこれを「日本の内政干渉だ」と批判した。

六．イルクーツク遷都の実状

最高総司令官の立場でコルチャークが豪語したように、「ひと月でモスクワに達する」ことはできなかったが、勢いに乗るオムスク政府の軍は一九一九年三月、サマラに肉薄した。相前後してヴラーンゲリ将軍がコーカサスで、デニーキン将軍が南部で、それぞれ赤軍を敗走させた。五月にはユデーニチ将軍がペトログラードに迫った。ロシア各地で白軍は勢いづいていた。

この時期、確かにモスクワ政府は内戦で押されてはいたが、ボリシェヴィキの世界戦略から見ると、必ずしも悪いことばかりではなかった。

モスクワで第三インターナショナル（コミンテルン）が結成され、世界革命を目指す国際共産主義運動の展開が宣言された。ハンガリー共産党が政権奪取に成功し、ごく短期間であったが、ハンガリー・ソヴィエト共和国を建てた。オデッサからソヴィエト政府に圧力をかけていたフランス艦隊内で、ギリシャ、セルビア、ポーランドの水兵が赤旗を掲げて反乱を起こした。反乱は同じ黒海沿岸のセヴァストポリに出動していた別のフランス艦隊にも飛び火した。ドイツのミュンヘンでは、四月から五月にかけて、共産主義者にアナキストが加わってバイエルン・レーテ共和国を出現させた。評議会を意味するドイツ語の「レーテ」とロシア語の「ソヴィエト」は同義だ。レーニンとトロツキーが期待する通り、世界革命の導火線に火が点いたかに見えた。

国際政治の焦点が大戦後の新秩序づくりに移るなか、日本は各国に先駆けてオムスク政府を正式承認した。五月には日米英仏伊の首脳会議でコルチャーク政権支援が条件付きながら決議された。内田康哉外相は、無二の親友である貴族院議員加藤恒忠を口説き落として駐シベリア大使に充て、事実上オムスク政府に対する特命全権の役割を期待した。大物の抜擢といってよい。ところが、国際的プレゼンスの高まりとはうらはらに、オムスク政府の内政は深刻な機能不全に陥っていく。底なしのインフレに打つ手がない。幣制統一も思うに任せなかった。「コルチャークの代理人」による徴兵と穀物徴発は農民を怒らせ、赤色パルチザンへと走らせた。検閲、戒厳令、令状なしの逮捕、裁判抜きの処刑といった苛烈な軍政も嫌われた。それらはコルチャーク軍の士気低下となって跳ね返り、兵士の離反が始まった。

モスクワ政府が危機感に駆られて総動員令を発し、人海戦術で反撃に転ずると、コルチャーク軍の前線は次第に崩れ東へ押し戻された。連合国からコルチャーク軍への物資補給は続いていたが、オムスクの西に前線がある以上、補給路は東と繋がる鉄道に限られる。それが停まれば兵糧攻めと同じだ。ボリシェヴィキはウラジオストクやハルビンで鉄道員のストを盛んに煽り、シベリア鉄道と中東鉄道の運行をサボタージュさせることで、コルチャークの政府と軍を苦しめた。形勢不利となったオムスク政府は堪らず、日本に援軍要請を行ったが、バイカル湖より西には踏み込まない、という大原則を盾に外務省が断っていた。参謀本部には異論もあったが、これ以上の増派など財政的にも無謀だと政府内では相手にされなかった。シベリア派遣兵力の現状維持を図る政府方針が、加藤大使に伝達された。

内戦真っ盛りの一九一九（大正八）年六月、人類学者の鳥居龍蔵は長年の念願だったシベリア入りを果たした。独学で斯界の権威に上り詰めたフィールド・ワークの巨人だ。

「シベリア出兵は失敗であると叫ぶ人がいる。私は一学究、もとよりその可否に関しては何も知らないが、少なくとも出兵によって当地調査の便宜が開かれたことは、ひとつの効果として考えねばなるまい」（中薗英助『鳥居龍蔵伝』）。

七ヶ月かけて鳥居は、ウラジオストクからイルクーツクまでの広大なエリアを調査した。モンゴルを源流とするオノン川流域探検にも挑んだ。シベリアは人類学上、民俗学上の発見に満ちていた。この調査旅行で鳥居は、ロシア極東で最も著名な探検家、書誌学者のアルセーニエフに出会った。その博識に鳥居はただただ驚嘆している。ウラジオストクの国立博物館にいまもその名を遺すアルセーニエフは、日ソ共同制作の黒澤明監督作品、『デルス・ウザーラ』（一九七五年）の原作者として知られる。

政治の関係には疎いという鳥居でも、チタに立ち寄った際は、当時駐屯していた第三師団司令部のほか、セミョーノフの本営への表敬訪問を忘れなかった。万一の場合の保護を頼むためだ。

チタという場所は、シベリア鉄道と中東鉄道の合流点で、オムスク、イルクーツク方面からハバロフスク、ウラジオストクに出るにせよ、中露国境を越えてハルビン、長春、大連方面に出るにせよ、必ず通過しなければならない。セミョーノフはそこを足掛かりに、一時は西のヴェルフネウヂンスク方面にまで勢力を拡大した。チタでは〝関所守〟のように振る舞い、人の行き来や物流を監視した。ときには臨検と称して財貨の没収を行ったから、各国の派遣軍と摩擦が絶えなかった。オムスク政府もまた、チタの〝関所〟の存在に悩まされた。

一九一九年九月までに、イギリス軍のノックス将軍や、チェコ軍団の指揮官を兼務するフランス軍のヂャナン将軍、それにオムスク特務機関長の高柳保太郎将軍らは、形勢が最悪になる前に連合軍の力を使って、オムスク政府の金塊を東に運び出すようコルチャークに進言した。しかし、無駄だった。

「パルチザンの動きや鉄道員の疑わしい忠誠心から考えると、金塊を移動させるどんな企ても深刻な危険を孕《はら》むし、シベリアにオムスクより安全な場所はどこを探してもない。金塊の管理権を持っている限り、たとえ連合国に見捨てられても、三年間はボリシェヴィキと戦える……」。コルチャークはそう信じていた。

オムスク陥落が時間の問題になると、現地に派遣されていた加藤大使ら各国外交官、チェコ軍団幹部らは特別列車を仕立てて、次々と東へ逃れて行った。ただでさえ少ない客車は優先権を持つ乗客に占められ、避難する一般市民は割を食わされた。

凄惨な逃避行が始まった。シベリア鉄道の軌道上を列車が延々と数珠繋ぎになり、しかも特別列車の運行が優先されるため、一般避難民の乗る車両はときによって三日間も同じ駅に留め置かれる。それでも避難民は列車から出ようとしない。

「出たら最後、自分の席を他人に奪われてしまうのだ。……車両なるものが酷い。……有蓋貨車の真ん中に暖炉を置いたものである」が、暖炉で燃やす石炭がない。「西伯利《シベリア》に於ける十一月の酷寒に、火の気のない貨車の中にすし詰に詰め込まれ、人間の息蒸《いきれ》でわずかに凍死を免れてきたのであるから、その惨状は目も当てられたものではない」（山内前掲書）。

寒気と飢餓で発病するものが相次ぎ、特に腸チフスの猛威で死者が続出したという。列車にあぶれた者は馬橇《ばそり》で、馬橇にも乗れない者は徒歩で、それぞれ東を目指したが、何をどう着込んでも、ステップの刺すような突風や夜半のマロース（冷え込み）には無力で、凍傷から身を守るには、神頼みするしかなかった。

迫りくる赤軍の足音を聞きながら、政府と軍の一切に責任を負うコルチャークは、オムスクにぎりぎりまで踏み留まろうとした。それは、沈みゆく軍艦に殉じようとする艦長の一徹を思わせた。全権力掌握のクーデターからほぼ一年になる一一月一三日、コルチャークはついにオムスク放棄を決断する。政府はすでに首都機能をもっと東のバイカル湖に近いイルクーツクに移しつつあり、コルチャークも合流を目指した。このとき、コルチャーク一行の列車には、オムスクの銀行保管庫にあった金準備が洗いざらい積み込まれた。

「コルチャークとアンナ、参謀、側近に選ばれた護衛らは六本の列車に分かれ、その一本は装甲列車だった。列を成した七本目には金準備用の金塊が積まれていた。莫大な財宝は二九両編成の貨車で運ばれた。中ほどには鉄道司令官と国立銀行の行員が乗る客車が挟まっていた。電話でその客車と護衛のいる最後尾が繋がっていた」、「最高統裁官が率いる七本の列車は、おのおの二両の機関車に牽引され、馬力を増していたが、ほんのわずかずつしか前進しなかった」(フレミング前掲書)。

『プラウダ』の元日本支局長ラティシェフによると、この特別列車には「サワダ」という日本軍の特務機関員が同乗していた。当時のオムスク特務機関には確かに沢田茂大尉の名がある。沢田の旧任は東京の参謀本部第二課ロシア班。シベリア出兵をいち早く想定し、研究を重ねてきた。オムスク機関には他に、陸軍中野学校創設者となる秋草俊も在籍していた。

遷都先のイルクーツクの雰囲気は好ましくなかった、とフレミングは指摘する。「チェコスロヴァキア国民会議、あるいは少なくともそのロシア支部は、イルクーツクでコルチャーク政権を不承認とし、これまでの施政に不快感を表明したばかりだった」、「(オムスクから)逃げてきた大臣たちは、一時しのぎの内閣をつくったが、強制力も、大衆の支持も、行政組織もなかったので、実際にはシベリアに政府などなかったのである」。

チェコ軍団の祖国チェコスロヴァキアは、すでに独立を世界に宣言していた。大戦の終結で、同軍団がロシア内戦に拘《かかず》り合う理由も消えていた。コルチャーク独裁政権に最も深く関与したのはイギリス軍だったが、現地の雲行きが怪しくなると、手のひらを返すように早々と派遣軍本隊の撤退を表明した。コルチャークの孤立は深まった。

統治機関としてすでに名ばかりになっていたコルチャークの政府が、最後の力を振り絞って取り組んだのは、国有資産の集約だった。資産さえ守り抜けば、再起にも望みを繋げる。以下の秘密電は、コルチャークがオムスクを脱出する六日前に着信したものだ。

陸軍省　西密第四五五号　秘　山梨半造陸軍次官➡埴原正直外務次官

・「ゼーヤ」における我軍保管金塊の通牒の件　大正八年一一月七日接受

「オムスク政府要求にかかる、ゼーヤにおけるわが軍保管の金塊を同政府に引き渡す件、異存ないが、その金塊を帝国軍において浦潮に輸送することは目下の情況上不可能にこれあり。ゼーヤにおいてオムスク政府の責任者に引き渡すことと致したい。なお金塊は同国政府に対する軍需品供給の担保とするのを有利と認めるので、しかるべき措置を願いたい。追って引き渡しに関してあらかじめ日時、場所、引き渡し責任者氏名等、当方へ通報方ご配慮を乞う」

オムスク政府が、あらかじめゼーヤの日本軍に預けていた金塊を、「いったん戻してほしい……できればウラジオストクで返還してくれないか……」と、外交ルートを通じて打診したのだろう。電文はそれに対する日本軍の回答になっている。

ゼーヤに進出中の日本軍が預かる金塊の量は五六プード（約〇・九トン）。「金塊を返還するのはよいとして、ウラジオストクまでの輸送となると、陸軍としては現地守備隊挙げての対応が必要になり、いまは責任が持てない。かといって、オムスク政府が置かれた状況からして、ゼーヤから西には送り返せない。とりあえずいったん現地渡しとするが、日本から送られた軍需品の担保としてオムスク政府から正式に受領して現状のまま守備隊で保管し、戦況の好転を待つのが得策と思われるので、先方と調整してほしい……」と読める。

ゼーヤはバイカル湖よりさらに東のアムール州にある。シベリア鉄道本線から隔たった支線の行き止まりだ。金準備の分散保管場所にするには不適当だし、もともと流刑地として拓かれた街では、古くから金鉱が掘られていた。一九一八年一一月の満洲日日新聞によると、市内では年平均二〇〇〇貫（七・五トン）の金が産出されている。だとすれば、日本軍が預かるゼーヤの金塊は、この一年前、国立銀行オムスク支店に納まった約五〇〇トンの一部ではなく、国有の現地産出物と見るのが自然だ。

結局ゼーヤの金塊は、現地引き渡しにも、日本側の担保にもならず、四ヶ月後、日本軍現地守備隊が撤退する機会に革命反対派の「新政治団体」に引き渡された。陸軍省山梨が外務省埴原に宛てた報告記録（大正九年三月六日付）が残っている。

コルチャーク軍の一角を占めていたカッペリ兵団も、東を目指して退却した。現代イギリスの歴史家エヴァン・モーズリーによると、兵団は汽車をあきらめクラスノヤルスクからバイカル湖までの荒野を五週間かけて雪中行軍したが、零下四〇度の寒さのなかでカッペリ将軍を凍傷死させている。カッペリはコルチャークをどこまでも守りぬこうとしていた。

難民の群れも兵団の後を追った。一説では、中露の国境方面に向けバイカル湖の氷上を歩き続けたのは約三万人。昼夜を問わず容赦なく襲い掛かる北極からの冷たい強風に晒され、信じがたいことだが、立像状態で息絶える者が続出したという。氷が緩み始めると、死者たちの立像は幾重にも体に巻き付けた携行品の重みで、古代は海溝だったという世界最深の湖底へと次々に呑み込まれていった。史上稀な大量凍死、大量遭難であり、ロシア内戦中の一大悲劇として語り継がれるところだが、犠牲者の中核が白軍関係、追い詰めた側が赤軍とあって、ソ連時代にはまともに光が当たらなかった。

七. 溶けゆく金塊

オムスク政府が金塊を管理した一年ほどの間にも、外国との商決済は当たり前に発生する。内戦継続中だから軍資金も湯水のように使う。農民から取り立てる税収だけでは到底やっていけない。金準備を取り崩すといっても、混乱を極める「国内」では現金化のしようがなく、物々交換さえままならない。

「[イルクーツクに向かう段階での]金、銀、プラチナを含む財宝の価値については論議がある。しかし、その点はあまり重要ではない。カザンで確保された国家の金準備は、多量ではないがウラジオストクから香港に運ばれていた。セミョーノフが神聖な領地を黙って通過させるはずがないとの見方にも一理あるが、金塊はオムスク政府の財源として使われていたのだ」(フレミング前掲書)。香港への搬出に関するこの記述は、フレミングの友人でイギリス派遣軍の大隊副官イヴリン・ベアリングの日記(一九一九年三月二日付)に基づく。ベアリングの同僚士官だった「トビー」は実際に金塊輸送列車に同乗していた。つまり、金塊東送の一局面でイギリス軍の関与があったということだ。

船舶や航海の関係に造詣深い歴史作家のグザーノフは、オムスク政府の金塊がウラジオストクから香港へ移送された事例を具体的に挙げている（『ロシアのサムライ』）。

それによると、一九一九年九月二五日にロシアの貨物汽船オレーグ号が、ウラジオストクから一〇〇〇プードを極秘裏に駐香港ロシア領事宛てに届け、金塊は香港上海銀行に納まっている。航海にはオムスク政府財務省外国課員のドゥレイマンと同省極東顧問アルフェーリエフが随伴した。翌月には、イギリス船籍の貨物船カイマン号が三七九万三七八二ポンド相当を、ベター・フィールド・アンド・スアー商会の仲介で香港に運び、金塊はやはり香港上海銀行に届けられた。グザーノフは、前年にウラジオストク支店を設けていたイギリス資本の香港上海銀行が、金塊の海外送り出しルートを提供していたと見ている。

これらの金塊移送では、北京駐在ロシア公使クダシェフが見届け人の役割を果たし、ホルヴァート将軍関係者の関与も示唆されている。逆にコルチャークの介在を窺わせるものは微塵もない。グザーノフの仕事は歴史研究と史実に基づく創作とが交差しており、ディテールまですべてを鵜呑みにはできないが、こうした事実があったのは概ね確かと思われる。

金準備の海外移送が国家債務の決済であれば、オムスク政府と支援国の金銭貸借関係の全体像を把握することで、その重量や最終送付先が明らかになるはずだ。ただし、これには金塊ウォッチャーの間でも定説がなく、諸説入り乱れている。例えばフレミングは、イギリス政府がオムスク政府に対し一九一九年五月、一〇〇〇万ポンドのローンをシティ（ロンドン）の商業銀行に組ませる計画を承認した、と確認している。しかし、借款が実行されたのか、返済はあったのかについては突き止められなかった。

ロシア財政・銀行関係に詳しい富山国際大元教授の白鳥正明は、ロシア極東の研究者クルシャーノフの説を紹介している。それによれば、実際、イギリス政府は兵器援助のほかに五〇〇〇万ポンドの借款を供与し、フランス政府も二億一〇〇〇万フランの借款を与えた。日本の軍事援助枠は一億六〇〇〇万円に達した。

支援した各国が一定の見返りをオムスク政府に要求したのは間違いない。クルシャーノフ説では、「錫、鉄、木材、毛皮、穀物などの生産品のほか、金貨金塊が一九年春までにアメリカに約三四・七トン、イギリスに約四七・三トン、フランスに約二〇トン、日本に四三・九トン、合計約一四六トン引き渡された」（白鳥正明『シベリア出兵90年と金塊疑惑』）。

これに対し、ボリシェヴィキを情報源とするペトロパヴロフスク『労民会報』は、「英米トラストへ四八トン、日本へ三二トンなど英米日仏に合わせて一〇二トンが渡った」と報じ、ノビツキー元ロシア大蔵次官の説に至っては、英米借款に対して二三トンが支払われただけ、と大きく見解が分かれている。

八．コルチャークの下野宣言

刻々と入ってくる絶望的な情報を聞きながら、コルチャーク一行は特別列車のなかで一九二〇年最初の日を迎えた。先陣を切ってイルクーツクに向かったオムスク政府関係者の列車が九日間で走破した距離を、コルチャーク一行はひと月半費やしてもまだ半分しか進めなかった。状況は加速度的に悪化していた。

その間、新首都となるべきイルクーツクでは、コルチャーク軍の守備隊兵士が反乱を起こしていた。政情悪化の報を受け、チタ駐屯第五師団は、田中義一陸相の内諾を取り付け、現地居留民保護を名目に本庄繁支隊をイルクーツクに急派した。現地到着は一月一日。厳正な中立を命じられていたが、「部隊をバイカル湖以西には送らない」という禁は破られた。同地では一月四日に政変が発生し、エスエルとメンシェヴィキの寄り合い所帯、中道左派の「政治センター」が実権を握った。

コルチャークは同市の西方約五〇〇キロの途中駅ニジネウヂンスクから、ついに下野宣言を発し、最高統裁官の称号を南ロシアの白軍デニーキン中将に、シベリアの政治と軍事の全権をセミョーノフに、それぞれ譲った。

下野宣言にあたってコルチャークは、確執のあったセミョーノフと電話で直接やり取りをしていた。この情報は、日本海軍第五戦隊司令官がウラジオストクのセミョーノフ軍筋から掴み、東京の海軍・軍令部総長に暗号電で速報している（大正九年一月七日接受）。シベリア出兵では日本海軍も現地の情報収集に一定の役割を果たした。ウラジオストクで各国、各派の海軍、海運関係者からもたらされる情報に加え、アムール河のような大河を水上交通路として、艦船を内陸深部に送っていたからだ。

最盛期に三〇万を数えたコルチャーク軍将兵のうち、イルクーツクにたどり着いたのはわずか二〇〇〇に過ぎなかった。「イルクーツク政変」を受けて、日本の派遣軍は同地から憲兵分遣所を退去させ、以東の分遣所にも順次統合を命じた。

シベリア駐在の連合国代表の間には悲観論が流れていた。イルクーツクにはボリシェヴィキ勢力の浸透が著しく、チェコ軍団は自らの安全と引き換えに、何らかの妥協に出るかもしれないというのだ。オムスク政府支援は連合国間の国際決議であり、加藤大使ら在シベリア外交団はチェコ軍団を隷下に置くヂャナン将軍に対し、コルチャークの保護と金塊の安全輸送に責任を持ってほしいとあらためて伝えた。

その直後、浦潮派遣軍司令部にオムスク特務機関長の福田彦助から重大情報がもたらされた。以下は、福田報告を東京の参謀本部に中継する司令部発の暗号電だ。

参謀第五二号　極秘　浦潮派遣軍参謀長⬇参謀本部次長
・福田〔大佐〕電について　一月一八日午後一〇時一九分着
「コルチャークが〔一月〕一三日、チエレムコフ〔チェレムホヴォ〕に到着するや、同地炭鉱労働者らが〔身柄の〕引き渡しを要求し、応じなければ石炭の搬出を拒絶すると威嚇した。……もし、さらに東方に移動するならば、大規模同盟罷工を行い、鉄道交通を途絶させると唱えている。……〔日本〕軍としては依然チェック〔チェコ〕軍に浦潮まで護送せしめたい。仮にチェック側が拒絶した場合、コルチャークをイルクーツクに留め置き、チェック軍に警護させて外交代表者決議を待つ意図を、〔現地の〕福田大佐に電訓したが、本電訓とは行き違いに『チェック軍はすでにコルチャークをエスエル〔社会革命党〕に引き渡した』との報告に接した。……金塊の輸送においては未だ報道を得ないが、コルチャークに準じてこれを処置したき考えなり」

どうやらこの極秘電が、コルチャークの身柄拘束を東京に伝えた第一報のようだ。身内の裏切り、パルチザンの脅威に続いて、シベリア鉄道沿線の労働者まで敵に回した悪戦苦闘が続くなか、チェコ軍団の力を借り、金塊をイルクーツク以東に搬出するのも難しそうだ――。そう判断した派遣軍司令部は、この時点で現地外交団の調整に望みを繋いだ。極秘電では、コルチャークの身柄の引き渡し先を「エスエル」としているが、正しくはエスエルを含む中道左派連合の「政治センター」だ。イルクーツクの権力をごく短期間ながら握った「政治センター」は、「レーニンでもなく、コルチャークでもなく」を合言葉にしていた。

コルチャークの身柄が、チェコ軍団兵士から「政治センター」に引き渡されるのは一九二〇年一月一五日、インノケンチエフスカヤ付近でのことだ。ロシア国内で大ヒットしたという映画『アドミラル（邦題 提督の戦艦）』（二〇〇八年）に印象的なシーンがある。停車中の特別列車に閉じこもっていたコルチャークのもとに、「政治センター」のいかにも活動家らしい男が丸腰で現れ、意外にも「提督！」と敬称で呼びかける。コルチャークは払われた小さな敬意に満足したように、招喚要請に粛々と応じて粉雪舞う夜闇に消える――。

二一日、情勢がさらに変化し、「政治センター」がボリシェヴィキに打倒されたため、コルチャークの身柄は、イルクーツク軍事革命委員会（赤軍）の手に移された。

九．イルクーツクの金塊列車

コルチャーク一行の特別列車が長い旅を終える時点での金塊量に関して、次の電報が残っている。

外務省　第七五号　暗号電　在哈爾濱〔ハルビン〕・松島総領事➡内田外相・鳥居より左の通り　大正九年一月三〇日着

「コルチャック〔コルチャーク〕により保存された金『地金』約二万封度〔＝プード、約三二七トン〕、昨今イルクーツクに到着し、ヂャナン〔チェコ軍団司令官〕はこれをチェック〔チェコ〕および日本軍援護の下にチタに回送したいと我が軍憲に申し出た。ただしイルクーツクに『地金』が果たして着せしや否や、いまだ判別せず。加藤大使、松平〔浦潮派遣軍〕政治部長に転電を乞う（長春中継　大正九年一月二八日）」

情報源である「鳥居」とは、現地を飛び回り、深く情報を探っていた外務省翻訳官の鳥居忠恕のことだろう。列車がオムスクを出発する時点での金塊積載量を、「控えめに見ても五〇〇〇万ポンド相当（約三一五トン）」とピンポイントで捉えているのは、金塊ウォッチャーのなかでもフレミングだけだが、終着駅のイルクーツクにどれだけ残ったかについては言及がない。

オムスク政府が崩壊前に約五〇〇トンを取り崩し、積出先と使途は別にして、ウラジオストクに向けて東送した金塊の総量について、朝鮮銀行ハルビン支店の半野憲二支配人代理とノビツキー元ロシア大蔵次官の見立ては、期せずして約一五〇トンで一致している。仮に半野とノビツキーの説を採って、約一五〇トンがすでにオムスクの金庫から搬出済みだったとすれば、残りは単純計算で約三五〇トン。この約三五〇トンが特別列車に当初積載されたとして、輸送途中、金塊は士気の低下したコルチャーク軍将兵の掠奪で目減りしたのがわかっている。足元を見た鉄道員にも金貨をせびられたという。それらを踏まえると、イルクーツクに着いた特別列車に約二万プード（約三二七トン）が残ったとする松島総領事の把握には妥当性がある。しかも「鳥居・松島情報」のソースをたどれば、ギャナン将軍と某所で接触し、金塊の回送を依頼された「日本軍憲」に行き着く。その「軍憲」が回送総量さえ確かめなかったとは考えられない。

電文に加藤大使と並んで出てくる「松平派遣軍政治部長」とは、外務省から送り込まれた松平恒雄のことだ。「政治部長」は、シベリアの現地政権や出兵各国の現地駐在外交官との連絡、調整にあたる派遣軍付大使で、松平は親英米派の俊秀だった。のちに外務次官、駐米・駐英大使、宮相を歴任し、戦後は参議院初代議長を務める。

戊辰戦争で朝敵の象徴となった会津藩主・容保《かたもり》の子として生まれた。薩長出身者に国の要路が占められた時代を潜り抜け、やがて外務官僚のトップにまで上り詰める松平は、維新以来、中央から日陰者扱いされてきた会津人の誇りとなる。松平の長女節子が、のちに昭和天皇の弟宮である秩父宮雍仁の妃に迎えられ（成婚後「勢津子」と改名）、天皇家と旧会津藩の真の和解、ひいては賊軍の汚名を雪《そそ》ぐものと受けとめられた。

ここまでの金塊の動きをいま一度整理する。

一九一八年八月にカザンの銀行保管庫から《チェコ軍団－カッペリ兵団》によって奪われたソヴィエト政府管理下の金塊は約五〇〇トン。一切目減りすることなく国立銀行オムスク支店に納まって同年一一月に記帳され、そのままオムスク政府の金準備になった。オムスク政府は、約五〇〇トンの金準備からほぼ一年間に約一五〇トンを取り崩した。敵との前線が首都の西にあるオムスク政府にとって、金塊は東送しない限り無価値だから、「一年間に約一五〇トンを東送した」と言い換えてもいい。届けるべき相手に確実に届いたか否かは別だ。ともかく、金準備のなかから約一五〇トンは東送されていた。オムスクの銀行に残った約三五〇トンは、一九年一一月にコルチャークが首都を放棄する際、同じ特別列車に積まれ東へ向かった。長い旅の道中、味方兵士の掠奪に遭うなどして減少し、イルクーツクに着いた一九二〇年一月の時点で約三二七トンになっていた。

一〇.鈴木荘六中将の陣中日記より

シベリア出兵で日本陸軍は、東京、大阪を除く全国各地から延べ一一個師団を広く動員した。コルチャーク軍の敗色が濃くなるなかで動員令を受けた第五師団（広島）は第三師団（名古屋）

と交代し、一九（大正八）年九月からチタに司令部を置いた。同地には、すでに述べたように、セミョーノフ軍の本営があった。

第五師団長鈴木荘六中将は、現地での日常を『西伯利亜日記』と題して綴《つづ》り、それが後世に残った。浦潮派遣軍隷下の師団長で手記を残した人物は他にもいるが、いずれも回顧録で、出征中にリアルタイムで綴られた手記が現存するのは珍しい。万一の警戒から、重要な下命や用兵関係の多くは周到に省かれ、一見すると身辺雑記の域を出ないが、それでも行間から読み取れるものは多い。旧日本軍の将官といえば、とかく融通の利かない堅物に描かれがちだが、日記から窺える鈴木の余裕――見方によってはある種のやる気のなさ――は極めて人間臭い。それでいながら、陛下のお役に立っているのか、と自問せざるを得ない歴戦将軍の自画像は、一般の戦争とは異なるシベリア出兵の特殊性と、それに駆り出された将兵たちの戸惑いを巧まずして浮き彫りにしている。

「知多〔チタ〕は西比利亜〔シベリア〕の京都にして、市街の中央を流れる知多川は、あたかも賀茂川のごとくして、……三面〔さんめん〕山に蔽われ森林緑翠滴らんとす」。

赴任途中、満洲里を通過するとき、「百千里　いけど果てなき大平原　人里稀に飛ぶ鳥もなし」と寂寥感を詠んだ鈴木だが、チタの晩夏の風情は大いに気に入った。

鈴木はチタ着任の二ヶ月後、浦潮派遣軍第二代司令官の大井成元中将に初めて面謁する。大井はシベリア出征中の第一二師団長から司令官に昇任していた。

派遣軍全体を統括する立場になった大井は、内政を顧みないコルチャーク独裁政権の在り方に大いに不満で、上下各層のロシア人による「諮詢《しじゅん》機関」を設け、議会政治に移行すべき、と上原参謀総長、原敬首相に意見具申したこともある。

大井によると、国際社会で日本の地位を向上させるには、ロシア国民に対する困窮者支援に力を注ぐしかない。師団長時代に「過激派掃討」を陣頭指揮した体験から大井は、物資不足の白軍が農民の財産に手を出して恨みを買い、「過激派」に走らせる構図を知り抜いていた。出兵の本義を遂げるには、「穏健分子」によるシベリア自治政府の樹立が理想だが、白軍と連合国軍の軋轢に対しては中立を守り、積極的に調停役を担うべきと考え、初対面の鈴木に念入りに説いた。

第一二師団長当時の大井には人柄を偲ばせるエピソードが残る。麾下の部隊がパルチザンに包囲され、全滅する事態が起きた。その原因はパルチザンの動きが皆目わからないことに尽きると考えた大井は、在留邦人女性の出上キクを訪ねる。キクは長くシベリア各地を歩き、中・露・朝の言葉に通じ、地元で大姉御として知られていた。いわゆる「からゆきさん」上がりだが、大井はそんなことにはお構いなく頭を下げ、軍への情報提供を頼んで快諾を得た。以来、キクは自ら馬賊を率い、荒木貞夫大佐が支援する特務機関に連なり、伝説の「シベリアお菊」に生まれ変わったという。

ちなみに、この「シベリアお菊」と並び称されるのが「満洲お菊」だ。本名山本菊子といい、彼女もまた熊本県天草出身の典型的な「からゆきさん」として大陸を転々とした。馬賊の孫花亭が経営するブラゴヴェシチェンスクの酒場「オーロン宮」のマダムに収まった菊子は、キク同様に第一二師団のために敵情を深く探った。孫は張作霖の兄弟、あるいは義兄弟だったと伝えられる。

鈴木の『西伯利亜日記』には、オムスクを出発したコルチャークの金塊列車がイルクーツクに滑り込む前後の微妙な時期についての言及がある。セミョーノフはオムスク政府極東軍司令官の立場から、同政府の「貴重品」をイルクーツクから避難させるため、スキペトロフ少将の部隊を同地の駅に急行させていた。「貴重品」が金塊を指すのは言うまでもない。鈴木もこのとき、本庄繁支隊をチタから現地に急派しているが、重大な下命でありながら、日記上の扱いは、うっかりすると見落としてしまうほど小さい。本庄はのちに関東軍司令官（柳条湖事件発生時）、侍従武官長（二・二六事件発生時）として歴史のキーマンを演じる。

イルクーツクでは当時、連合国代表者による協議が続いており、それを防衛するためにチェコ軍団が同駅の守備を固めていた。そこに到着したセミョーノフ軍スキペトロフ支隊は、チェコ軍団が革命軍に同情を寄せ、密かに援助するものと見た。チェコ軍団は逆に、セミョーノフ軍が鉄道運行を妨害し、自分たちの東進を故意に遅らせようとしたと判断した。両軍は銃火を交え、日本海軍が掴んだ情報では、スキペトロフ支隊の死傷者は一二〇、チェコ軍団側の被害はそれ以上だった。二四時間の休戦を挟んだのち、スキペトロフ支隊はいったん撤退したとの説もあるが、結局、チェコ軍団側に武装解除された。

予期しなかった事態を受けて、鈴木は大井の訓示通り、チェコ軍団とセミョーノフ軍の全面衝突を避けることこそ第五師団の重大な使命と考え、中東鉄道沿線駅に部隊を配置した。騒乱が伝えられていたイルクーツクから、チェコ軍団の第一陣車両が一月一八日にチタに到着した際も警備強化を命じている。「列車は数十分の〔短い停車の〕うちに東行に就けり」。チタ駅のホームで接触したチェコ将兵は、戦闘態勢こそ取っていなかったものの、セミョーノフ軍の攻撃に怯え、しばらく警備を厳重にしたい旨の言葉を残した。金塊関連の記述は一切ない。

冬のシベリアの気候は、ステレオタイプの先入観を拒絶する。積雪は拍子抜けするほど少ない。冷え込みの厳しさは、大方の想像をはるかに超える。この時期、チタ周辺の最低気温は連日零下四〇度前後。日中の気温が零下一九度でも、「今日も誠に暖かき日なりき」と、新潟・三条出身の鈴木がつい書いてしまうような土地柄だ。水分のある食料はすべてが凍り付いて用を為さない。凍傷も大敵で、部隊の運用を間違えば、戦闘以外で兵力を損耗する危険が常に付きまとった。

パルチザン戦の泥沼に嵌《はま》ったのは、日本軍だけではなかった。イギリス軍の尉官が、ある村に「過激派」が多量の武器弾薬を隠し持っている、と駆け込んできた。それだけなら、情報提供と注意喚起をありがたく受けるところだが、隠し場所の探索にあたって、上官であるノックス少将は、日本軍に協力してもらえと命じたらしい。鈴木は腹の内を見せていないが、身勝手な話には違いない。それでも友軍司令官の言葉とあれば無視もできず、ただちに部下に応分の措置を指示する――。そんなことが繰り返された。鈴木の日記から類推する限り、シベリアの日本軍が示す友軍への気遣いはいささか過剰だ。

鈴木は連日、日米英仏露中チェコなどの軍関係者や外交官らの来客対応に忙殺された。特にセミョーノフとの面談機会、同軍幹部との直接間接を問わない連絡は驚くほど多い。そんな状況では客観的な距離を保つのが難しいはずだが、年齢の違いもあってか、「アタマン〔コサック頭目への敬称〕の指示、おうおう〔にして〕下に徹底せざるは遺憾なり……、掠奪を厳禁すべし……、虐殺を行うべからず……」などと率直に呈すべき苦言は呈している。

大井司令官と鈴木の間では、「セミョーノフの自重を要する件」も話し合われた。オムスク政府が倒れたあと、「より以上の〔良い〕政府立つ〔樹立される〕のであれば、それで可なり」とし、「決して或る一部〔勢力〕に執着するもの」ではないのに、「ハルビン以西の特務機関、動〔やや〕もすればその部面〔局面〕のものに捉われ、その部局の人と為る傾向あり」と、暗に「セミョーノフの参謀長」黒木親慶らを当て擦っている。実際、セミョーノフに対する黒木の入れ込みぶりは尋常でなかった。

セミョーノフ軍の軍律の乱れは広く轟いていた。モンゴル、ブリヤート、ヤクート、ロシア、朝鮮、中国、セルビアなど多様な兵士の出自が軍の一体性のなさとして表れ、規律を欠く兵隊が多数集まる残虐非道な軍として住民に恐れられていた。その歩兵に日本義勇隊の名があるが、実態は在郷軍人崩れの集団で、大陸浪人の吹き溜まりだった。セミョーノフ軍は鉄拳と鞭打ちによって辛うじて命令を行き渡らせていた。離反者を処刑する中国人銃殺隊五〇名のほか、鞭打ちのための数名のセルビア兵からなる特殊班もあった。〝シベリア自治政府〟の主体を担えそうな穏健分子とはとても呼べない。連合国派遣軍のなかでは特にアメリカ軍とそりが合わなかった。

軍紀軍律の弛緩といえば、日本の軍隊もまた不安を抱えていた。どこで軍務に服そうと、軍人は常に「過激派」の宣伝戦の標的で、それに呑み込まれ「赤化」する恐れがあったからだ。実際、赤化とまではいかないまでも、上官侮辱や抗命行為（命令への不服従）があちこちの部隊で相次いだ。鈴木荘六中将麾下の第五師団も例外ではなかった。そうした風潮を、鈴木は日記中で「不良思想」と呼んでいた。出征にあたっての訓示で鈴木は、「出兵地を〝占領地〟と勘違いすることなかれ」、「言葉の不通や習慣の違いから揉め事を起こすことなかれ」と厳重に戒めたが、砲兵大隊が教示に反し、現地の鉄道従業員に威嚇行為をはたらいた。不祥事は、内地の松山に残してきた留守部隊でも起きた。命令違反者に対する行き過ぎた処分が原因で、尉官と下士官が集団で対立したのだ。日清戦争以来、明治日本の主な対外戦争をすべて経験してきた古強者《ふるつわもの》の鈴木も、統率上の課題を強く自覚する。軍隊社会から武士道の残影が薄くなり、自由主義の思潮が勢いを増す時代、指揮官として新たな悩みを抱えた鈴木は、「世の中も随分、六ヶ〔むつか〕しきものとなれり」と嘆息している。

二・金塊追跡の大義名分

イルクーツクの情勢は安定に向かうどころか、コルチャーク軍残党の巻き返しが伝えられ、ますます不穏の度を増していた。イルクーツクまでどうにか運ばれてきたコルチャークの金塊が、散逸の危機に瀕しているのは誰にも疑えない。それは、オムスク政府に貸し込んできた連合国にとって債権が取り戻せるかどうかの重大な岐路だった。

高橋是清蔵相の次の電報は、ロシア金塊に対する日本の利害を簡潔かつ明快に示している。

大蔵省　高橋是清蔵相➡在哈爾濱〔ハルビン〕・草間秀雄財務官

・草間財務官に返電　　大正九年二月一二日着

「金塊の行方に関してその後どの方面からも確実な情報に接していないが、右金塊は本邦の対シベリア金融貿易等に対し唯一信用上の基礎を成すべきものにして、その運命について本邦は深甚の利害を有する。ついては、貴官は領事および陸軍側とも連絡をとり、その所在についでは、十分ご注意の上、その保全のため必要に応じ機宜の措置を採られたい」

個人間であれ、国家間であれ、金銭の貸借関係であれば、借方の返済能力が問われる。返す当てがある相手には安心して貸すことができる。オムスク政府は、ロシアの正統後継政府を名乗るにあたって、前政権の債務を継承する、と二度にわたって宣言していた。したがってコルチャークの金準備はまさに「唯一信用上の基礎」だった。債権者として「その保全のため必要に応じ機宜の措置を採る」のは当然、との論理に別段怪しむところはない。

大蔵省　第三一号　秘　在哈爾濱・草間財務官⬇高橋蔵相
・オムスク政府金塊行方の件　大正九年二月二一日着
「知多〔チタ〕にてセミョーノフ将軍と会談した奈良原中将が昨日当地で語ったところによると、オムスク政府保有金塊はなおイルクーツク・チェック〔チェコ〕軍の手にあり。よってセミョーノフ将軍は何らかの方法によりこれを自軍の手中に収め、〔財政的〕基礎を確実にさせたいという。チェック軍指揮官ヂャナン将軍は二四日当地に来て滞在見込みとのこと。この際中央政府より各関係方面へ訓示を為し、徹底的交渉ができるのであれば、右金塊を安全に輸送することはあえて難しくないと認められる」

コルチャークの拘束からひと月も経つのに、金塊がまだイルクーツクにあるというのは重大情報だった。電文の写しは外務省にも転送された。

山内封介記者はそのころ、「過激派の先駆を承る社会革命党〔エスエル〕が、コルチャークとその二、三の大臣等を捕えてこれを惨殺した。殊に、コルチャークは真っ裸にされ、橇に縛られて、零下三〇度の酷寒の市街を曳き摺り回され、嬲り殺しにされた」と聞き込んだが、裏付けの取りようがなかった。

イルクーツクの政情不安は続き、攻守が逆転して革命派が追われる立場になった、との報告が日本側に入ってきた。実際、凍傷死した指揮官の遺志を継ぐカッペリ兵団が、イルクーツクに迫っていた。草間財務官は本省の森理財局長に宛てた報告で、「金塊は多大な数量なれば、これが運搬も容易でない。革命軍がイルクーツク撤退の際、全部携行するとは想像できず、少なくとも一部分はいまだイルクーツクにあるべしと考えられる。……目下の状況では日本軍の手にて金塊の安全なる輸送を図ることは不可能なり。ただチェック軍をして徹底的努力を成さしめる以外に方法なし」（大正九年二月二六日付暗号電）と述べ、楽観と悲観の間を揺れ動いていた。そう打電した直後に草間は、チェコ軍団管理下の金塊が漸次減少し、アメリカ人ビジネスマンの話によると、金塊がチェコ部隊間で勝手に分配され、現にイルクーツク市中には約四〇プード（約〇・六五トン）が流出している、との陸軍情報に接した。草間は直ちに高橋蔵相に宛て追加報告電を発した。

第三章——金塊、逃げる

一、二隻の砕氷船

平和な時代の砕氷船といって、南極越冬隊員を乗せ日本と昭和基地を何度となく往復した海上保安庁の初代南極観測船「宗谷」の名を思い浮かべる世代は、もうそれなりの年配だ。最初の南極行きは昭和三一年。日本は戦争の壊滅的打撃からまだ立ち直ってはいなかった。それだけに「宗谷」の挑戦は、当時の少年少女の心に、ひときわ眩しく焼き付いた。大人たちは、次々と襲い掛かる試練を忍耐強く乗り越える姿に、自分の来し方を重ねた。樺太犬タロ、ジロの奇跡の生存を描き、記録的ヒットとなった映画『南極物語』（一九八三年）では、名脇役も演じた「宗谷」だが、その船歴の波乱万丈は案外知られていない。

一九三六（昭和一一）年、ソ連通商代表部から日本政府に耐氷型貨物船三隻の発注があった。長崎の川南工業香焼島《こうやぎしま》造船所で竣工した三隻のうち一隻が、のちに「宗谷」となる。進水式で披露された船名は「ヴォロチャエベツ」というロシア語だった。名前の由来には諸説あるが、ロシア内戦期の最終盤、極東共和国軍がハバロフスクの白軍残党を蹴散らした戦場名がヴォロチャエベツだった。極東共和国についてはあらためて触れるが、母港もカムチャツカ半島のペトロパヴロフスク・カムチャツキーに決まっており、純然たるソ連船として就役が見込まれていた。

ところが、三隻が相次いで竣工する時期は、日ソ国交樹立後、小局面では散発的に露呈していた両国の軋轢が、大規模な軍事衝突となって沸点を迎えるノモンハン事件の前夜だった。風雲急を告げる二国間関係が影響して、三隻のソ連への引き渡しの道筋は一向につかなかった。

そのせいで、貨物船「ヴォロチャエベツ」は結局、日本の商船「地領丸」として民間チャーター航路に就役した。やがて日本海軍に買い取られ、艤装《ぎそう》し直されたうえ、雑用運送を任務とする特務艦に生まれ変わる。ここで初めて「宗谷」と名付けられた。一九四〇（昭和一五）年のことだ。終戦後は外地からの引揚船に転用されて休みなく稼働したあと、海上保安庁の灯台補給船として日本各地の岬や島嶼《とうしょ》部を回った。

ちなみに、「ヴォロチャエベツ」を建造した川南工業は戦後あえなく倒産するが、社長だった川南豊作が、六一（昭和三六）年に発覚したクーデター未遂、いわゆる三無事件の首謀者として逮捕され世間を驚かせた。五・一五事件の実行犯三上卓ら旧軍人、右翼活動家を糾合して、国会議事堂占拠、要人暗殺を企てたとされる事件は、一審で破壊活動防止法（政治目的殺人陰謀罪）が初適用されたこともあって、今もなお戦後の公安事件史に名を留めている。

「宗谷」が初代南極観測船となるため、大改修で南氷洋を征《い》けるだけの本格的砕氷能力を獲得するのは、灯台補給船としての役目を終えたあとだ。シベリア出兵にあたって、日露戦争でロシアから鹵獲《ろかく》し海軍で使っていた二等海防艦「見島」に、砕氷装置を取り付けたケースはあったが、戦前、戦中、官民を通して、国産の砕氷船といえるのはたった一隻しかない。それが海軍砕氷艦「大泊」だ。

一九二一(大正一〇)年一一月に神戸の川崎造船所で竣工した。その名は南樺太の日本領有時代、最初に樺太庁が置かれた都市、大泊(現コルサコフ)に由来する。就役後、砕氷艦としての真価が問われる事態はすぐやってきた。翌二二(大正一一)年一月、山下汽船から海軍に徴用されていた輸送船「中華丸」が、樺太中部西岸の日露領海線に近いビレオ岬沖で流氷に閉ざされ、航行不能に陥ったのだ。救出命令を受け急行した「大泊」は、艦首を氷上に乗り上げたあと、船内のタンクに海水を満たして船体重量を増し、少しずつ砕氷する方法で「中華丸」に合流。船体を「中華丸」の舷にいったん横付けして周囲の氷を割り、自分よりはるかに大型の同船を曳航する形で流氷原から脱出させた。

「大泊」の通常の行動海域は終始北の海に限られ、海上警備、航路の障害物除去、漁場保全などにあたった。戦時中は、宗谷海峡や樺太東岸の亜庭湾で不審船に目を光らせたが、これといった武勇伝を残したわけではない。「宗谷」がミッドウェイ、ガダルカナル沖などの著名な海戦で補給任務に携わって生き残り、トラック島では空襲に耐え、座礁しながら満潮の力を借りて奇跡的な離礁を果たすなど、脇役でありながらその超強運ぶりが脚光を浴びたのとは対照的だ。

「砕氷船のテーゼ」という言葉がある。レーニンの理想に反して「赤い帝国」を打ち建て、〝皇帝〟の座に終生君臨したスターリンが、禍々《まがまが》しい大粛清に先駆けて、第三インターナショナル(コミンテルン)の世界戦略として定義したとされる。二隻の船が縦列に氷海を行くとき、先陣を担う砕氷船は氷との格闘によって激しく傷み、消耗する。一方、後に従った方はダメージも少なく、目的地に無事に到達するチャンスが増す。同じ方向に先陣を切る者に疲弊を引き受けさせ、後陣が最終的には抜け駆けを図る——。第二次大戦前夜の国際情勢に即せば、「ドイツの矛先をイギリス、フランスに向けさせろ。日本を蒋介石との戦争に深く引きずり込め。日独の砕氷船が長い消耗戦に疲れたところに、強敵としてアメリカを立たせよ……。そうすれば、漁夫の利を得るのは必ず共産主義陣営=ソ連だ」というのだ。スターリンはつまり、砕氷船を捨て駒に例えていた。

もちろん、雌雄を決するような作戦に加われてこその捨て駒だ。「大泊」は敵襲による沈没や大破を免れ、昭和二〇年八月の終戦までつつがなく任務を全うした。その意味では確かに、「無事これ名馬」を地で行く海軍有数の功労艦だったが、平時、戦時を通じて地味な任務しか与えられず、捨て駒になる機会さえ持てなかった。

終戦直後の日本は、深刻な船舶不足に悩み、かなりの老朽船にも再奉公の声がかかった。にもかかわらず、「大泊」には「宗谷」のように新しい活躍の場が見出せなかった。氷の海と長年格闘してきた砕氷艦の宿命で傷み方が激しく、船体疲労は極限にまで達していたからだ。「大泊」はボロボロになるまで働き、そして燃え尽きた。

当初「大泊」は、給油艦として計画された二隻のうちの一隻だった。それが急遽、設計変更された。砕氷艦を是《ぜ》が非でも急いで建造する必要に迫られたからだ。背景には、日清、日露の戦争で輝かしい戦歴を重ね、精鋭の誉れ高かった日本海軍が、国民大衆の批判を一身に浴びるという史上かつてない屈辱が横たわっていた。尼港《にこう》事件の責任論である。

二. 尼港事件

シベリア出兵で日本の派遣軍と赤色パルチザンとの緊張関係は、双方がオムスク政府の崩壊でできた権力の空白を埋めようとした一九二〇年はじめの数ヶ月、特にエスカレートした。そんな現場のひとつが尼港だった。

尼港、すなわちニコラエフスク（現ニコラエフスク・ナ・アムーレ）は、間宮海峡最北部のアムール河口に位置する。大河アムールを眼前にし、日本海にも接することは、周辺の恵まれた漁業資源、森林資源、鉱物資源を集積し、搬出するのに適していた。そのため、極東ロシアの港としてどこよりも早く拓かれた。毛皮貿易、金鉱開発、砂金採取のブームもあって、日露戦争前までにロシア人、ユダヤ人、中国人、朝鮮人、日本人が混住し、小さな国際コミュニティを形成していたが、冬から春にかけての長期間、細い海峡は凍結し、船舶の交通は途絶する。

尼港事件とは、一般に一九二〇（大正九）年三月以来のパルチザンによる邦人虐殺を指すが、広義には、日本人だけではなく現地在住の一般市民、市政関係者、有産階級、白軍支持派の処刑、交戦後の捕虜惨殺と焼き討ちまでを含んで語られる。これらの出来事は一月から五月にかけて順次発生した。

日本海軍がこの事件で屈辱にまみれたのは、海が氷に閉ざされて軍艦が近づけず、結果として在留邦人の保護も日本軍守備隊への増援も一切できなかったことによる。

研究者の麻田雅文は、宇垣一成将軍の日記を引いて、陸路での救援は果たして不可能だったのかと疑問を呈している。実際、パルチザンは真冬に陸路で入り込んだ。結氷したアムール河に内陸部から橇を走らせるとすれば、出撃地は第一四師団の一部が駐屯するハバロフスクだが、同地の治安情勢は悪化の一途で、参謀本部は兵力不足を理由に、はじめから陸路を諦めている。〈進める限りの海路＋氷上行軍〉で現地入りするにしても、日本に本格砕氷艦はまだなく、おのずから陸海軍合同作戦の立案は制約を受けた。

ロシア帝国海軍では以前から砕氷艦の保有は常識だった。日本の砕氷艦建造の立ち遅れは、北方軽視のツケと言ってよかった。日露戦争後、ロシアとの関係が安定に向かうと、もう北方に敵なし、という北守南進論が急速に台頭した。限りある軍事費を巡り、常に陸軍とせめぎ合う海軍にとって、南方への進出を前提に、アメリカを仮想敵に見立てた北守南進論に立つことは、海洋国家の主力軍として存在意義を際立たせるのに必要で、組織防衛上の要請でもあった。

尼港の日本領事館を預かる石田虎松副領事は、前年暮れから続く現地周辺の不穏な空気について、一九二〇（大正九）年一月三日の時点で、海軍省副官宛てに打電している。救援要請は、石田と三宅駸五海軍少佐からそれぞれ一月下旬に外相、海軍・軍令部総長に発せられていた。これを受けて、海軍は砕氷装置を後付けした二等海防艦「見島」を送ったが、厚く固い流氷に阻まれて大陸側に近づけず、海上の状況を偵察しただけに終わっている。「大泊」が北緯五〇度線付近の間宮海峡で、自分よりずっと大型の「中華丸」を一面の氷原と化した海から救出したのも厳寒期だった。海氷原に水路を穿《うが》ち、兵員を載せた大型艦を誘導できる「大泊」の進水が、もし二年早かったら、尼港の情勢は全く別なものになっていたかもしれない。

三．パルチザンの蛮行と新聞報道

シベリア極東地域に詳しい取材コーディネーターの木村邦生によれば、真冬の冷え込む朝、海水の表面に薄く広く氷が張る現象は、サハリン南東部、オホーツク海側に大きく口を開けた亜庭湾岸のポロナイスク（もとの敷香）あたりでも見られる。ただし、その現象は流氷そのものとは異なる。オホーツク海全体に厚い流氷が供給されるメカニズムは、近年までよく判っていなかった。大量の淡水が海に注ぎ込むアムール河口あたりが〝流氷のふるさと〟ではないかと推測されていただけだ。

余談ながら、筆者の同僚ディレクター、カメラマンのコンビが、凍てつくアムール河口の岸に半月も張り付き、前触れもなく訪れる流氷誕生の瞬間を待って、撮影に成功したことがある。謙虚な彼らは「世界初」と謳わなかったが、北海道大学低温科学研究所がその映像を解析し、発表した論文は文字通り世界を驚かせた。海が干上がったかと見まがう引き潮のあと、茶色く見える海水が氷の粒を含んで戻ってきて、シャーベット状の波の花が舞うなか、波動をスローモーションのように次第に遅くしてゆく光景は、神秘的というほか言葉が見つからない。

尼港の市街地は、そのアムール河口から八〇キロほど遡ったところに位置する。日露戦争の結果、南樺太が日本領に復帰した事情から、このアムール河下流域は、対岸の北樺太とともにロシア帝国のサハリン州を構成していた。

「シベリア共同出兵への参画は隣人救済」。そんな大義名分を掲げた日本にとって、「過激派討伐」は必ずしも目的だったわけではないが、シベリアの現実は甘くなかった。各国派遣軍がウラジオストクに上陸した一九一八年夏あたりから、革命派は都市部を避けて村落に隠れ、パルチザン戦に打って出た。日本軍はバイカル湖以東の拠点都市を一時はあらかた押さえたが、広大なシベリアでは点でしかない。「視えない敵」を探すのに難渋して、「村ごと焼き払い」の愚挙に出る部隊も現れた。一例が、アムール州イワノフカ村で婦女子を含む住民三〇〇人近くを無差別に殺戮した事件だ。こうした野蛮なやり方は、当然のことながら現地の人心を離れさせ、敵を増やし、応報感情を燃え上がらせた。典型は、パルチザンが同州ユフタ駅付近で日本軍大隊の主力一五〇名を全滅させた事件だろう。

シベリアのあちこちで出征兵士が担わされていたのは、深入りすればするほど人口の大多数を占める農民層から特に疎まれ、対日感情を悪くするという損な役回りだった。それが銃後の国民にあまり伝わらなかったのは、国内の出版物検閲が出兵直前に一気に強化されたからだ。

談論風発の世相をリードする新聞各紙はそれまで、狂乱物価の元凶を、シベリア出兵準備に伴う買占めや先物買いと見て、舌鋒鋭く政府の無策を批判した。また、米騒動の震源となった富山の漁村の驚くべき貧困や、京都の部落差別の呆れるような前時代性を暴き出した。事態の鎮静化を狙った政府が、内務省発表を例外として、米騒動関連の報道を差し止めたところ、新聞は業界挙げて反発した。当局はいっそう神経を尖らせ、スケープゴートを探していたのかもしれない。報道差し止めに反対する関西記者大会の様子を伝えた大阪朝日は、治安当局から揚げ足取りに近い難癖をつけられ、一時は廃刊の危機に立たされた。白虹事件である。大阪毎日新聞の社長経験者である原敬が政権を担うようになっても、記事の差し止めは頻発した。

一九二〇年一月、二三歳のトリャピーツィン率いるパルチザン四〇〇〇名が尼港を包囲したとき、市内にはロシア人八八〇〇、中国人一四〇〇、朝鮮人九〇〇、そして日本人は軍民あわせて七五〇ほどがいた。パルチザンたちは市内入城にあたって、「〔白軍〕将校団、ブルジョア、ユダヤ人を殺せ」とのスローガンに掲げていた。また、トリャピーツィンはハバロフスクの日本軍第二七旅団（第一四師団所属・山田軍太郎旅団長）に宛てに電報を送り、隷下の尼港守備隊に中立を守らせるよう、あらかじめ提議する策まで弄している。

オムスク政府の没落が伝わり、戦意を失った白軍に代わって、尼港の治安維持への期待は日本の陸軍守備隊、海軍通信隊にかかっていた。散発的な交戦のあと、休戦協定が結ばれた。

陸海軍両省が共同でまとめた『尼港三月事変の顛末』（大正九年六月二三日付）によると、休戦条件は以下の三点だった。これを見る限り、守備隊は厳正中立であろうと努めている。

①日本軍及び赤衛軍より各歩哨を配置し、警戒に任じ尼港の安寧秩序を守ること
②赤衛軍は裁判なくして一般市民に対し銃殺を行わざること
③赤衛軍は一般市民及び白衛軍を捕縛し、または掠奪を行わざること

休戦合意にもかかわらず、パルチザンは圧倒的な数を恃《たの》んで、白軍将兵とその支持者を次々と拘束、虐殺し、協定を一方的に破棄した。無線も切断され、孤立した日本軍守備隊は三月一二日、民間人有志を加えて乾坤一擲《けんこんいってき》の奇襲を挑む。計算外だったのは、折からアムール河で越冬中の中国軍艦が、あらかじめパルチザン側と通じており、艦砲射撃に晒されたことだ。決起に参加したほとんどが戦死し、生き延びたわずかの者も獄舎に繋がれた。その数少ない生存者たちも五月二五日、パルチザンが撤退するにあたり、全員が口封じに殺され、街ごと焼き払われた。

事件で犠牲となった邦人は七三五人を数え、なかでも天草の出身者が一一〇人の多数を占めた。天草といえば、「満洲お菊」が一九二三（大正一二）年に尼港で三九歳の生涯を閉じている。それより先、事件翌年には、「シベリアお菊」も尼港に足跡を記しており、不思議な縁を感じるが、二人が相まみえた記録はない。

救援の多門二郎支隊が現地に入ったのは一九二〇（大正九）年六月三日。すでに万事休すだった。第七師団（旭川）隷下の多門支隊は、二月のうちに小樽で尼港増援隊としての出発準備を終え、上陸地点に想定したデカストリ湾に向け出港するばかりだった。そこに、前節で触れたように二等海防艦「見島」から、悲観的な偵察結果が入る。〈進める限りの海路＋氷上行軍〉といっても、氷が厚くデカストリ接近は難しい、と。

三月三日付で尼港の守備部隊から電報を受けた参謀本部は、現地の治安が回復したかのような我田引水の楽観論に傾き、小樽に集結させた増援隊を原隊に戻す。こうした流れのなかで、尼港の悲劇は拡大した。

事件の全容が明るみに出ると、モスクワ政府には国際的非難が集中した。事件首謀者のトリャピーツィンらは、日本軍の追撃を逃れ、暴虐の限りを尽くした尼港をあとにする。ボリシェヴィキが組織した臨時軍事革命本部は七月、アムール河中流のブラゴヴェシチェンスクに向けて撤退途中のトリャピーツィンらを拘束し、部下による「一〇三人の法廷」、つまり人民裁判で裁き、内妻や側近とともに銃殺した。罪状には尼港でのロシア人住民虐殺があったといわれる。ボリシェヴィキは、トリャピーツィンが組織的に選ばれた正式な司令官ではなかったと釈明に努めた。原暉之は、モスクワの方針に従わないアナキストと見ている。確かに尼港を襲った軍勢には、「無政府共産主義」を部隊名に冠した一団がいたようだし、山賊の類いや近郊の鉱山で働く荒くれ者も相当数加わってはいた。とはいえ、トリャピーツィン自身はボリシェヴィキの地下活動家出身であり、赤色パルチザン組織としての行動だったことに疑いを挟む余地はない。

尼港事件の真相が明るみに出ると、白虹事件以来、政府の提灯持ちに甘んじることが多かった日本の新聞各紙は、にわかに活気づいた。現地で一家自決に追い込まれた石田副領事の遺児で、進学のためひとり帰国していて難を逃れた長女芳子（当時一二歳）が、悲痛と無念に押しつぶされそうな胸の内を詩に綴り、国民新聞（東京新聞の前身）の紙面で「敵〔かたき〕を討ってください」と訴えると、大衆の悲憤慷慨は頂点に達した。軍部は各紙の求めに応じて現地特派記者を積極的に受け入れた。

研究者の井潤裕によれば、当時の尼港事件関連記事には、凶暴、野獣、悪魔、残忍、鬼畜などの言葉が常套句として使われた。「現地からの情報内容ではなく、煽情的な見出しのインパクトで大衆的関心を惹起しようという意図が透けて見える」。

現地取材から戻った各紙の特派記者には、凱旋将軍さながらに、講演依頼が引きも切らなかった。「俄《にわ》か弁士」となった彼らのなかには、それでなくても興奮ぎみの聴衆の満足を意識して、大悲劇のアジテーター役を忠実に務める者が多かったという。

二二（大正一一）年秋に尼港沖や樺太北西岸で起きた元陸軍砲兵軍曹、江連力一郎によるロシア船三隻の襲撃事件を、新聞各紙は「日本人海賊による尼港事件の仇討ち」と大々的に報じた。壮士ら六〇人を雇って「海賊船」を仕立てるという大掛かりな犯行は確かに前代未聞で、これを義挙と見なす人々は逮捕後の江連に減刑嘆願を寄せた。

ただし、大多数の国民が隣国のボリシェヴィキ勢力に対して報復感情を燃え上がらせたか、といえばどうも違う。研究者の井竿富雄は、国民の嘆き悲しみに関して、「一過性のイベント」のようでもあり、「どこか社会的に尼港事件について醒めた感情があったのではないか」と捉えている。

四．セミョーノフの金塊（一）……窰門・寛城子危機の顛末

増援部隊到着の望みもなく孤立した尼港で、在留邦人と陸軍守備隊、海軍通信隊がパルチザンの包囲網に追い詰められていたころ、チタ特務機関長の黒沢準大佐は、セミョーノフから国立銀行チタ支店に保管中の金貨金塊を、日本軍の警備の下で満洲に搬出してほしいと依頼された。黒沢はこの申し出を遅くとも一九二〇（大正九）年二月末までに了承し、ハルビン特務機関長石坂善次郎少将の支援を取り付けて、三月初めから実行に移した。ロシアの二月革命評をペトログラード駐在武官として東京に打電したあの石坂だ。

ところが、陸軍省本省の菅野尚一軍務局長は、現地日本軍の輸送関与をひと月近くも知らされず、派遣軍参謀長に対し、「……何らの報告なく真相不明なり。……至急電報ありたし」（大正九年三月二六日発）と怒気を含んだ極秘電を飛ばしている。

日本の陸軍では陸軍省が軍政を、参謀本部が軍令を、それぞれ司っていた。本省の軍務局長職は各省折衝の要《かなめ》だ。それを無視するあたり、参謀総長（参謀本部）と直接繋がっていた特務機関の傲慢さが垣間見える。大陸の特務機関は、オムスク、イルクーツク、チタ、ニコリスク（現ウスリースク）、ハバロフスク、ウラジオストク、それに満洲のハルビン、吉林、奉天（現瀋陽）などに置かれ、浦潮派遣軍と直接間接に繋がっていたが、シベリア出兵中に旅順の関東都督府陸

軍部が関東軍として独立したため、改廃や指揮管理権の変更が目まぐるしかった。

日本の大蔵、外務、陸軍の各省は、相互に連絡を取りながら、イルクーツクに運ばれた金塊の行方を探っていた。軍務局長の菅野もその渦中にいた。ほどなく、三省と京城（現ソウル）の朝鮮銀行本店は、チェコ軍団の管理下にあった「コルチャークの金塊」が、同軍団将兵に配分されたり、あるいは革命派に奪われたりして四散している、との見方に大きく傾く。

チタの黒沢大佐は、軍務局長に対する遅すぎる説明を、極秘電で以下のように行った。まったくの事後報告である（大正九年三月二八日着）。

①由来。

セミョーノフは、財政上の政府〔コルチャーク政府〕が国外に搬出しようとしたものを差し押さえ、チタに保管したる金塊のうち、若干を満洲に輸送する〔傍点引用者〕に決した。

②金塊所有者はセミョーノフ指揮官にして、取扱責任者は行政部長なり。

③日本軍にて輸送を引き受けたる経過。

セミョーノフ側は東支線〔中東鉄道〕方面の状況上、その輸送を露人自ら担任することは危険と顧慮し、その輸送を日本軍にて引き受けてほしいと懇請したため、当地日本関係官憲とも協議の上、内密にハルビンまでの輸送〔傍点引用者〕を引き受け、これを軍需輸送としてハルビン特務機関に送り、ハルビン着後の処置はこれを同地特務機関に依頼せり〔傍点引用者〕。

④輸送目的地。

一部はハルビン、一部は長春だったが、長春行きのものは同地にて彼我の取引不便なため、出先の者にて旅順に送付するに変更したという〔傍点引用者〕。

⑤送付の目的。

金塊は約四二〇プードで、うち二四〇プードは日露実業の森武熊が借款の担保として長春において引き取るはずなり。残部は軍事の資本に充てるものなり。

⑥保管地。

長春宛てのものは旅順にて処分することとなり、ハルビン宛てのものは同地朝鮮銀行に保管を頼む。

⑦借款の全権はズユレフ、軍需品購入当事者はフィラチエフ〔フィラトフ〕中将にして、ともに金塊と同行せり。

黒沢電の①に、「若干を満洲に輸送する」とあるので、チタのセミョーノフの下には、秘密輸送対象の金塊以外にまだ残留分がありそうな気配が伝わる。面白いのは③で、自分（チタ特務機関）の範囲はハルビンまでの輸送であって、「着後の処置」はハルビン特務機関の指揮下でなされる、と責任分界点をはっきりさせている点だ。請負の張本人は明らかに黒沢自身であるのに、キャリア組の高級軍人ともなれば、出過ぎた印象を削ぐのに使う神経もさすがに細かい。④の結語の伝聞調なども空々しい限りだ。

黒沢報告には金塊重量にプードが使われているが、他省庁とのやり取りは「箱」単位の表記になっている。誤差はわずかなので、ここはわかりやすい「箱」表記に従う。

日本軍に守られて中露国境を越えた金貨金塊は合計一四三箱（約七トン）。六三箱（約三トン）はハルビンへ、八〇箱（約四トン）は長春を経て旅順へ、いずれも日本軍の軍需品を装っていた。

いま一度確認しておきたいが、中国領とはいっても、チタから内蒙の満洲里を経てハルビン、長春に至る中東鉄道とその沿線は、帝政ロシア時代から中露の取り決めでロシア管轄権の範囲であり、鉄道運行もロシア人の手に委ねられていた。一方、長春から奉天、大連、旅順に至る南満洲鉄道とその沿線は、日露戦争の結果、日本の管轄になっていた。したがって日露の分水嶺は長春ということになる。ただし、帝政ロシアが敷いた中東鉄道の軌道幅は国際標準より広く、その南半分を引き継いだ満鉄が国際標準に敷き直していたので、乗り換え、積み替えの便宜のために、長春－寛城子間を両線は相互乗り入れしていた。つまり、中東鉄道の寛城子駅ホームは、ロシア管轄地に入り込んだ日本のテリトリーの周縁でもあった。

外務省極秘電によると、一四三箱の金貨金塊のうち、六三箱がチタから積み出されたのは三月二日だ。八日、ハルビンに無事荷卸しとなり、軍需品代金の担保として朝鮮銀行ハルビン支店に納まった。

同行支店はのち、外務省政務局長芳澤謙吉からの問い合わせに対し、以下のように答えている。

「陸軍特務機関の紹介を受け、フィラトフの個人名義で預かったもので、セミョーノフとの関係はまったく知らない。翌月になって名義人のフィラトフが、小麦や麦粉などを買い入れるのに急を要し、一時融通を申し出たので、金塊搬入を行なった陸軍側にも確認したうえで、短期融通をした。個人融資であり、現地の日本総領事館には届けてはいない。金塊買入の打診も受けたが、問題になってはいけないのでこれは断った」（大正九年四月一六日発）。

黒沢報告が明らかにしているように、フィラトフの正体はセミョーノフ軍・軍需部長の中将だが、素性を隠して銀行に接していた。ともかく六三箱の秘密輸送は外部に露見せずに終わった。

問題は三月一三日にチタを出て旅順を目指した八〇箱だった。ハルビンまではチタの黒沢機関が輸送の責任を負ったが、それ以降はハルビン石坂機関に託された。経由地ハルビンから南下した列車には、国立銀行チタ支店員を装うセミョーノフ軍将校二人と護衛の日本兵が乗り込んでいたが、長春のはるか手前の窰門《ようもん》駅に停車中、ロシア人鉄道員のストライキに遭遇し、機関車を外されて引き込み線に放置されてしまった。

窰門は張家湾と呼ばれていた小集落に、鉄道敷設で生まれた満露混住の新しい町だった。河川舟運で長春と結ばれているとはいっても、たっぷり三日かかるほどの距離があった。

貨車が動けなくなったのを奇貨として窩門駅のロシア人駅長は、積載物を臨検させよと求めてきた。日本側は、「輸送途中の軍需品は、従来からシベリアおよび中東鉄道においても検査を許したことがない」と突っぱねたが、ロシア人二名の同乗が疑惑を呼んだらしい。強硬な臨検要求の陰には、「亡命を図るセミョーノフが、金塊を持ち逃げするのではないか」と疑った北京駐在ロシア公使クダシェフがいた。ソヴィエト政権を認めないクダシェフは旧体制下ではれっきとした公爵で、成り上がり者のセミョーノフを警戒していた。臨検要求の大義名分はロシア国内にあった金貨金塊の海外流出防止だ。

そこに中国勢力が強い関心を寄せてきた。帝政ロシアに奪われていた北満の利権を、シベリアの内戦に乗じて自国に回収しようと、中国側は機会を探っているところだった。

一九一二年の辛亥革命で倒れた清は、満族が万里の長城を越えて南下し、漢族を支配した王朝だった。清の歴代皇帝は八旗と呼ばれる満族の官吏階級と漢族の婚姻を許さず、満洲の地への漢族の立ち入りも厳禁した。したがってシベリア出兵当時、満洲には多数の漢族がいたが、その多くは、土地と職を求めて長城以南から清朝滅亡前後に越境してきた者たちだった。新参の植民者という意味で、彼らもまたロシア人、日本人とそう変わるところがなかった。

日露戦争後に満洲調査を行った人類学者の鳥居龍蔵は、満洲の漢族について、「いずれも山東省、直隷省〔現在の河北省の一部〕の移住民にして、古来土着の民にあらず」としながら、満族と漢族の結婚の禁は「自然に消滅し、……満漢民族の雑種は形成され、……満語を解する者は誰ひとりいなかった」（中薗前掲書）と結論づけている。満語の衰退はことのほか早かったようだ。

清朝を降ろしたとはいえ、中華民国の実態は、国民国家でないばかりか、十数もの省がてんでに独立宣言を発し、統一政府の体さえ成していなかった。清朝最後の皇帝となった幼い溥儀は、革命前と変わらず北京の紫禁城に住み続け、モンゴル、チベット、ウイグルなどの周辺国には、旧来通り清国皇帝名で勅書を送っていた。

東三省と呼ばれた満洲の奉天、黒竜江、吉林各省の支配権を一九一九年までに確立していたのは、漢族出身で馬賊上がりの軍閥政治家張作霖だった。中華民国の初代大総統に就いた袁世凱の子分として頭角を現し、大総統死後の激動を巧みに泳ぎ切って、「満洲王」の座まであと一歩のところに漕ぎ着けていた。次なる張の戦略は、旧体制下でロシアに握られていた北満の利権を取り戻すことだ。尼港で決起した日本軍守備隊に砲弾の雨を降らせ、パルチザンに味方した中国軍艦の本来の任務は、アムール河を遡って中国勢力の通行権を拡張することにあった。これも利権回収の一環だ。

一九二〇年初めから張のもとで、ハルビンと中東鉄道沿線の警察権、司法権の回収にかかる鮑貴卿《ほうきけい》は、本丸のホルヴァート追放へと向かう。

セミョーノフが金塊輸送を「露人自ら担任することは危険と顧慮し」、チタ特務機関黒沢大佐に輸送を懇請した理由は、日本軍の軍需品を装えば中国側も口出しできまい、と読んだからだ。ところが、攻勢を一段と強める中国勢力は黙って見逃してはくれない。横槍を入れてきたのは吉林省長官の李鴻謨《りこうぼ》だった。

金塊の秘密輸送など知る由もなかった長春の日本領事館は大騒ぎになった。臨検要求をはね退ける日本軍の対応に、ロシア領事が執拗に食い下がってくる。

（英文書簡）在長春ラブロフ〔ラヴロフ〕露国領事➡佐々木勝三郎領事代理

一九二〇年三月一七日着

「拝啓　ロシア人二名が中東鉄道寛門駅の貴国軍用列車に同乗中の旨ご通知申し上げます。彼らはロシア政府または私有の財産を所持しており、聞くところによれば、二両の貨車にそれらを積載しております。訓令により、日本の軍官に積載物の検査を求めましたが、要請は拒否されました。ご再考いただければ幸甚であります。　敬具」

ラヴロフに訓令を発したのは北京駐在公使クダシェフだ。

長春の日本領事館には、東京の外務省本省から頻繁に電訓が舞い込む。現地の日本陸軍関係者は真相を明かしもしないで、関係先調整を催促してくる。李鴻謨長官とのやり取りも頻繁で、面子を潰さぬよう対応する必要がある――。佐々木領事代理は忙殺された。

一方、東京では駐日ロシア公使が外務省に立会検査を申し入れてきた。こうなると、もはや紛れもない外交問題である。金塊を「対シベリア金融貿易等に対し唯一信用上の基礎をなすべきもの」と見る大蔵省も、外務省から入る情報に神経を尖らせていた。

窰門駅構内で立ち往生すること丸四日。金塊を積んだ車両は、李鴻謨長官の配慮でハルビンから救援に来た中国側の特別列車に牽引され、やっと動き出したが、それはただの好意ではなかった。長春のひと駅手前の寛城子までたどり着いたところで、今度はホームへの入線を拒まれ、そこに中国側から臨検要求が出された。友好的に見えた特別救援列車の中国警備兵まで態度を一変させる――。他方、ラヴロフ領事もついに行動に出て、副領事を寛城子駅まで送りこんできた。日本の管轄圏入り目前で、チタの金塊はまた関係国間のせめぎ合いに巻き込まれた。

寛城子駅手前に留め置かれていた極秘搬送中の金塊は、結局、同駅長の軟化もあり、満鉄貨車に積み替えられ、なんとか長春駅ホームに滑り込んだ。

「金塊安着」の報にハルビン特務機関長の石坂少将は「狂喜した」というが、関係国との折衝で矢面に立つ長春の佐々木領事代理はそれを冷ややかに見ていた。焦った石坂が、日中露の権力関係が特に入り組む寛城子駅とその接続鉄路の沿線に、現地独立守備隊を展開させてしまったことで、中露両官憲が抱く金塊秘密輸送の〝疑惑〟は〝確信〟へと変わり、日本外交は大きなダメージを被ったからだ。陸軍省でさえ、特務機関の独断専行を認め、「本件は出先軍憲の適法ならざる措置に基因し、意外に重大なる問題を惹起し、各方面に対し多大の煩累を及ぼし……」（陸軍省起案　大正九年七月五日付）と総括するしかなかった。

五．セミョーノフの金塊（二）……民間人の影

原敬内閣で外相に就任した内田康哉は、駐ロシア大使として十月革命を目の当たりにした。その経験から、レーニンの豊富な学識や戦略家ぶりを高く評価し、ソヴィエト政府の早期承認を本省に意見具申したため、前任外相だった後藤新平から疎まれていた。だからこそ、首相の原は内田に、出兵が長期化しないよう抑止役を期待していたといわれる。

日本軍が絡むロシア金塊の秘密輸送を、内田は長春領事館の報告でいち早く掴み、危機感に駆られた。事態収拾に向け行動計画を立案し、以下のように北京駐在の小幡酉吉公使に訓令した。

「〔八〇箱の〕金塊はもっか朝鮮銀行大連支店に保護預けとなりおるにつき、政府は表面上無関係のこととし、しばらくこのままとし、なるべく『人目を引くことを避ける』をもって得策とし……。他方、朝鮮銀行をして日露実業会社側または露国人側に対しても、金塊の引き渡しその他の処分を拒絶せしめ……」（外務省起草　大正九年四月二〇日付）。

外務省は外交官交渉の問答まで想定して収拾策を何度も書き換え、六月になって得た最終案を高橋是清蔵相にも示した。高橋は外相の内田宛てに親展の筆を執り、外務省案を了承したが、「……将来、〔今回の〕露国金塊の保全策が国際問題となり、また露国正統政府確立後、金塊の行方に関し調査が行われるべき場合を予想し、本邦政府の信用を毀損するごとき事実が露呈することのなきよう、慎密の注意を持って万遺漏なきを期せられるよう致したく」（大正九年六月二八日付）と、しつこいほど釘を刺した。まるで八五年後、日露賢人会議の〝場外〟で、金塊を巡り日本を牽制したボオス・ロシア下院副議長の発言を見通したような言葉だ。「露国正統政府確立」まで、ソ連時代という長い回り道を経たと考えれば、高橋の慧眼にあらためて気づかされる。

内田外相の訓令にある「日露実業会社」の名は、チタ特務機関長黒沢大佐が菅野軍務局長に行った金塊移送の事後報告にも出てきた。同社は、東京、大阪などの有力経済人が出資して設立した対露専門商社だった。ロシア市場に参入する一部の日本企業が、資本力の無さから粗悪品を供給し、日本製品全体の評判を落とす実態があり、その是正を目的に設立された（満洲日日新聞大正六年七月二日付）。実際、シャツにボタンを縫い付ける代わりに、糊付けしてごまかすような詐欺まがいのシロモノが、往々にして混じっていた。社長には、のちに蔵相、日銀総裁を歴任する大蔵次官経験者の大物、市来乙彦が迎えられた。官営に近い同社の性格が窺える。

セミョーノフの金塊が、日本軍の手で輸送される前から、日露実業に派遣されたとの触れ込みで、満洲やシベリアの邦銀各支店や派遣軍の出先を目まぐるしく動き回る日本人がいた。森武熊と名乗る男は、明治政府のもとで殖産興業の旗を振った貴族院議員前田正名の甥だと称し、あるときは宮相を務めた牧野伸顕の親戚との触れ込みだったが、どうやら日露実業の社員ですらない。社長の市来乙彦と同郷の縁を頼って、大陸に出張する同社役員に同行し、現地を歩くようになったらしい。ただし、単なる大風呂敷とは違って、人の懐に飛び込む手管は図抜けていたらしく、瞬く間にチタのセミョーノフや彼の幕僚たちの信頼を勝ち得た。その結果、一民間人でありながら、チタ特務機関の了解のもと、金塊の秘密輸送に深く関わり、セミョーノフからその処分利益の最大化に関して、大きな権限を委譲されるまでになった。しかも、純然たる商行為として事にあたり、セミョーノフから斡旋料まで巻き上げている。臨時雇いの通訳を介した折衝だけで、これほどの成果を挙げるのだから、並みの交渉力ではない。

森は当初、旅順に運ばれた八〇箱について、「セミョーノフから日露実業に対し金塊を担保として借款の申し込みがあったため、東京在住のセミョーノフ機関代表者と契約した」と引き渡しを求めたが、政府と朝鮮銀行の対応はにべもなかった。そうとわかると、森は機敏かつ柔軟に戦術を変えた。日露実業本社も森の満洲での動きを援護し、市来社長自ら外務、大蔵両省に強く働きかけた。時の朝鮮銀行総裁は大蔵官僚出身の美濃部俊吉だった。日露実業は美濃部の判断で、手数料名目での報酬だけは認められた。したがって、現金の動きはあったものの、金貨金塊の実物が動いたわけではない。ちなみに美濃部の弟は天皇機関説で名高い達吉博士、甥が東京都知事になる亮吉だ。

裸一貫で大陸ビジネスに関わった森の動静は、翌年春の東京日日新聞に取り上げられた。「渋谷に和洋折衷の堂々たる新邸を構え、常に自動車で駆け回って……識者を不思議がらせた……」。羽振りの良かったそのころの森は自ら出資して会社も興した。

もうひとり、秘密輸送された金塊に関連して、名前が取り沙汰された民間人がいる。黒木親慶同様セミョーノフに影のように寄り添い、「セミョーノフの参謀」と呼ばれた瀬尾栄太郎だ。

八〇箱の金塊が長春から旅順に向かったあと、長春駐在佐々木領事代理のもとに、「同地の憲兵分隊に八〇箱とは別の金貨三箱が運び込まれた」との情報が入った。杉山高三郎憲兵分隊長に照会したところ事実だと認めた。その金貨三箱はハルビンの北満憲兵隊が八〇箱を積載した軍用列車に一緒に積み込んで、長春分隊宛てに回送してきたもので、現物は佐々木が問い合わせる前に、瀬尾に引き渡されていた。瀬尾は奉天から駆け付けたという。杉山分隊長が瀬尾から聞いた話によれば、受領した金貨は朝鮮経由で日本に渡る途中、朝鮮銀行奉天支店に納め、それに見合う現金を東京で受け取り、先回りしているはずのセミョーノフ軍関係者と落ち合って手渡す段取りだった。

軍部の身勝手に、きりきり舞いさせられている佐々木領事代理は、内田外相宛ての追加報告で、

「今また右金貨三箱につき、前記のごとき手段を弄したため、当地においてはすでにいかがわしき風説がある……」（大正九年三月二四日付暗号電）と苦り切っている。

三箱はなぜ八〇箱とは別の動きをしたのか。

スィロボヤルスキー少将はセミョーノフ統治機関のなかで軍部の利害を代表する人物だが、セミョーノフの指示で東京へ兵器調達交渉に赴くことになり、黒沢大佐が仕立てた金塊輸送列車とは別に、金貨九箱をチタから専用列車に積み込んで三月六日の夕刻ハルビンに着いた。そこで中国税関の巡警に包囲され、六箱を押収された。少将側は日本軍の北満憲兵隊に駆け込んで助けを求め、辛うじて三箱だけが守られた、というのが真相だった。長春領事館と外務省本省間の暗号電から判明した。したがって、瀬尾が東京で現金を渡す「セミョーノフ軍関係者」とは、スィロボヤルスキー少将だったことになる。

佐々木領事代理から報告を受けた外務省本省が、ただちに朝鮮銀行に問い合わせた時点では、奉天支店に瀬尾から金貨の預け入れはなく、東京への送金依頼もないことがわかった。瀬尾が長春憲兵分隊から三箱を受領したのは間違いないとしても、どこで現金に換えたのかは不明だった。

瀬尾栄太郎の来歴はほとんどわかっていない。一九一四（大正三）年ごろ満洲に渡った日本の密偵とされるが、軍籍があったわけではない。

奉天の日本総領事館に残された一九一七（大正六）年二月付の資料には、「松茂洋行」という会社に所属し、地元の大豆粕《だいずかす》取扱業者のひとりとして名前がある。大豆は、日系企業の品種改良努力で寒い満洲でも耕作面積を広げていた。大豆から油を搾ったあとに出るのが大豆粕で、肥料として日本でよく売れたため、地元の穀物問屋と三井物産が扱いを競っていた。

一方、同年一二月二八日付の神戸新聞は、シベリアの地下資源開発に触れた記事で、「奉天・松茂洋行支配人」として瀬尾を紹介し、自らザバイカル州の金試掘許可を受け、好成績を上げたと報じている。大陸で一旗揚げようと、満洲の中心都市奉天を根城に、商社風の看板を掲げて様々な事業に手を出す日本人は当時、星の数ほどいた。そんなありふれた邦人を表の顔として、セミョーノフに関わる裏仕事をカムフラージュしていたのか。

日露戦争のあと、両国政府間の関係は急速に改善されたが、日本軍はロシアの報復を恐れてしばらく警戒を解かず、作戦研究を通して、シベリアの地形調査、地図収集の未熟を痛感していた。作家の高橋治によると、陸軍は地図を漁るための密偵をシベリア一円に広く放った時期がある。瀬尾はこの要員のひとりだったのだろう。鉱山技師の心得があれば、単独で辺地を歩いても怪しまれにくい。チタの特務関員林大八大尉から預かった軍用地図を釣り竿のなかに隠し、ザバイカルから危険を冒して満洲里に持ち出した（高橋前掲書）、という瀬尾自身の手柄話はそれを裏付ける。そうであれば、セミョーノフとの繋がりも陸軍特務の線からだ。シベリア出兵前にすでに瀬尾は、セミョーノフ軍に送り込む日本義勇兵の募集に裏方として携わっている。

セミョーノフがシベリアでの権力を手放したあとも、瀬尾はセミョーノフ本人と繋がりを保った。中国籍の朝鮮人農民を主役に、吉林省の間島北部からシベリアに跨《またが》る広大な緩衝国を打ち建てようという眉唾物の計画に関わって、日本の在外公館や軍部に働きかけたことがあり、その際もセミョーノフと通じている。一九二六（大正一五）年秋には、中露の政情を深く探って提供すると謳い、名前からして怪しげな「国際探訪通信社」を東京・淀橋に興して、社長に納まっていた。瀬尾という人物は、どこまでも謎めいている。

六．セミョーノフの金塊（三）……大阪へ

話を黒沢大佐によって極秘に列車で運ばれた金貨金塊一四三箱に戻す。

朝鮮銀行ハルビン支店に納まった六三箱は、セミョーノフ軍・軍需部長フィラトフの個人名義であることがはっきりしていた。だから、その一部を担保にした短期融通もありえた。同支店は間もなく、「ロシア金貨担保短期貸付」に積極的になる。一九二〇年七月からはロシア金貨の単純な買い取りも開始した。同支店に納まった金貨金塊はやがて、一般的な商行為として大蔵省大阪造幣局に売却される日が来るのだが、外務省が「横領した外国の公金が含まれている」と注意を促していたので、しばらく時間がかかった。

一方の八〇箱は、直接銀行に運び込まれたわけではなかった。対外的に「弾薬を含む軍需品」だと言い逃れた手前、関東軍・旅順火薬庫にいったん納められ、臨検要求を突き付けた中露両官憲の関心が薄れるのを待った。その後、同軍・大連倉庫を経由して、朝鮮銀行大連支店に極秘移送されるのは八月六日になってからだ。このとき、国立銀行チタ支店代表員ロセッフと二人のロシア側行員が立ち会った。オムスク政府の崩壊を受けて、同政府に債権を持つ連合各国はいずれも回収を急いでいる。中露両官憲ならずとも、ロシア国有財産の流出にはこれまで以上に神経を尖らせている――。日本の関係各省は、ハルビンの六三箱に比べ、本来の所有者があいまいだった八〇箱に書面上の形式を整えておく必要を強く感じ、セミョーノフ側と朝鮮銀行大連支店を巻き込んで辻褄合わせに乗り出した。

まず、国立銀行チタ支店から朝鮮銀行大連支店宛て証明書が三月に遡って整えられた。

（英文）証明書　一九二〇年三月五日

「貴行は五〇箱の金貨、三〇箱の金塊を円に換え安全に保管することに同意した。当行所有の金に関して、当行従業員イワン・ヴァシリエヴィッチを上記作業に必要な委任権代理人として派遣した。貴行におかれては、当行員の任務完了のため必要な助力を与えられんことを。
国立銀行チタ支店　経理担当責任者　署名」

預け入れ依頼書も三通、大連支店に交付された。

①三月二一日付金貨三〇箱保管預け依頼書
②三月二二日付金貨二〇箱保管預け依頼書
③三月二三日付金塊三〇箱保管預け依頼書

大連支店は八月九日、ロセッフほか二人のロシア側行員立ち合いの下に八〇個全部を開封して確認し、一匁（もんめ＝三・七五グラム）あたり四円八〇銭で売却するとした売渡書をロセッフから受領した。ロセッフが売却代金のなかから五六万円の前渡しを求めたので、領収書と交換で現金を交付し、ロセッフ名義の当座預金口座を開設して、残りの金額を記帳した。以後、セミョーノフ側は小切手で自由に現金を引き出せるようになった。銀行側は金貨金塊を現金化するため、八月一四日出航の大阪商船の台中丸に積み込み、同行大阪支店経由で大阪造幣局に送り出した。大阪支店から大連支店に八月一九日付で「八〇箱安着、造幣局へ納入した」と連絡が入った。

この時期、チタから満洲へ絡み合うように流れ出したふたつの金塊の動きを、以下あらためて整理してみる。

ひとつは黒沢大佐によるもので、日本の軍需品を装って計一四三箱（約七トン）を運び出した。列車は若干の日にちを置いて二本仕立てられ、先発した六三箱（約三トン）は予定通り朝鮮銀行ハルビン支店に個人融資の担保として預けられた。残りの八〇箱（約四トン）については、当初、その一部を長春で日露実業社員を名乗る森武熊に引き渡す計画もあったが、結局は後発分としてひとまとめに旅順へ回送された。旅順と大連の日本軍施設で五ヶ月ほど保管された八〇箱は、そっくり朝鮮銀行大連支店に売却された。セミョーノフ側と銀行側は、日本政府の強い要請で、関係書類を事後作成し、この八〇箱の売却前の所有者をロシア国立銀行チタ支店とする工作を行った。

もうひとつの動きはスィロボヤルスキー少将によるもので、黒沢の金塊輸送の開始に数日先駆けて、チタから金貨九箱を単独の専用列車で満洲に持ち出そうとした。しかし、ハルビンで中国税関の巡警に六箱を押収され、北満憲兵隊の助力で三箱を守るにとどまった。中国側のマークを自覚したスィロボヤルスキーは自力での持ち出しをあきらめ、同憲兵隊に後事を託し東京に発った。同憲兵隊は保護した三箱を、黒沢が仕立てた金塊輸送列車の第二便到着を待って一緒に積み、長春分隊に転送した。つまり、黒沢の八〇箱とスィロボヤルスキーの残留分三箱は、ハルビンから長春までの間だけ、同一列車で運ばれた。北満憲兵隊の長春分隊には「セミョーノフの参謀」

瀬尾栄太郎が現れた。そこで三箱を受領した瀬尾は、現金化の手段と搬出ルートは不明ながら、東京に先着していたスィロボヤルスキー少将に日本円で直接手渡した。

七．「黄金都市」と化すハルビン

ハルビンはロシア人が一九世紀の後半から、「東方のモスクワ」を念頭に緻密な都市計画に基づいて建設した美しい街だった。筆者が取材でハルビンに初めて入ったころ、中国は胡耀邦総書記の時代で、人々の表情は明るかったが、都市部でさえまだ貧しい。帝政ロシアの残り香漂う教会群はあるにはあったが、文化大革命で荒らされた痕が残り、うらぶれていた。スターリン・ゴシックの無骨なビルと、アール・ヌーヴォー調の洋館の間を、人民服姿の男女が自転車で行き交っていた。

破竹の経済成長が始まってから再訪すると、上海への憧れ丸出しの悪趣味な都市再開発が進んでいた。大いに鼻白んで、夕刻、古そうな商店街に迷い込むと、仮設ステージの上で、明らかに中露混血と思われる老女が澄んだ声で中国風のメロディを歌っていた。身なりは質素そのもので、彼女の人生の激動をつい想像せずにはいられなかった。

そんなハルビンでかつて開花したロシアの文学的才能は、未来派詩人ネスメーロフだけにとどまらない。バイコフは『偉大なる王《ワン》』を著して、現地のロシア人の間で愛読されただけでなく、数ヶ国語の訳書を通じて、「ハルビン生まれのロシア文学」に対する関心を高めた。

逆に、日本文学をロシア語で紹介した翻訳家にミハイル・グリゴーリエフがいた。チタのロシア陸軍士官学校で日本語を学び、シベリア出兵期は日本軍特務機関の通訳だった。日本軍撤退を前に現地特務機関長だった井染禄郎大佐の助力で日本に亡命、日本人女性と結婚して国籍も変えた。満洲国時代になってからハルビンに移住したグリゴーリエフは、満鉄に籍を置きながら、抜群の日本語能力を生かして、夏目漱石、谷崎潤一郎、川端康成らの小説を次々と訳出した。「グリゴーリエフは古文も漢文も訳すことができ、和文露訳の巧みさは誰もが賞賛した……」(徳山あすか『スプートニク～革命から一〇〇年』)。

革命と内戦に揺れるシベリアでは、短命に終わった地方政権が様々に紙幣を発行した。ただでさえ幣制が乱れるなかで、正貨準備の裏付けを失ったルーブル紙幣は日々信用を落としていった。ハイパー・インフレの結果、一九二〇年七月時点のルーブル紙幣の実勢価値は、一三年のそれに比べ一万三〇〇〇分の一にまで下落していた(中村靖『帝政ロシア・ソ連・現代ロシアの金融統計の発展』)。対照的に、日本軍がシベリアで行動範囲を広げるにつれ、現地で流通量を増す朝鮮銀行券は、瞬く間にルーブル紙幣を駆逐していった。金塊を現金化したければ、朝鮮銀行に持ち込んで鮮銀券で受け取るのが一番安全で確実だ。ロシア国内という意味ではウラジオストクやハバロフスクに同行の支店があったが、そこまでの足となるシベリア鉄道の治安はまったく信用ならない。中露の国境を越えて一番近いハルビン支店にロシア側から金塊が流れ込むのは無理もなかった。黄金と特別な縁があったわけではないハルビンに、一九二〇年三月から突然、膨大な量の金貨金塊が流入し始める——。日本軍による金塊秘密輸送は、多田井喜生が〝ゴールド・ラッシュ〟と名付けた現象の先駆けと言えた。

〝ゴールド・ラッシュ〟の全期間を通して、朝鮮銀行ハルビン支店長として勤務した久保田積蔵の証言では、セミョーノフの金庫から同支店に集まった金貨金塊は八〇〇〇万ルーブル余、つまり約六二トンもあり、同支店は敷地に保管庫を増設して対応した（多田井前掲書）。

セミョーノフ側は金塊を担保に鮮銀券を引き出し、軍事費につぎ込んでいた。このなかにはハルビンで日本軍が軍需品に見せかけて荷卸しした六三箱がもちろん含まれている。またもうひとつ、ここで初めて示すのだが、七月、黒沢大佐が三月の一連の極秘の列車輸送とは別に、朝鮮銀行チタ出張所を通じて買入を頼んできた金貨七二〇万ルーブル（約五・六トン）も入っている。

念のために付け加えれば、こうして朝鮮銀行ハルビン支店に集まった金貨金塊が、そのまま大阪造幣局に送られたわけではない。ハルビンの金相場は上海などに比べて格安だったから、利ザヤ目当ての中国人が現物を買い、価格の良い他都市の金市場に持ち出して売却した。こうして約六二トンは時間とともに減った。保管庫の金塊が半分程度になるまで、監督官庁の大蔵当局が大阪造幣局による買い上げを許可しなかった背景に、外務省の慎重論があったことはすでに述べた。

八・ハルビン以外の流れ

次に、セミョーノフの金貨金塊が、〝ゴールド・ラッシュ〟当時の朝鮮銀行ハルビン支店を経由しないで担保になったり、売却されたりしたケースを以下拾い上げてみよう。

第一に先述の窰門・寛城子危機で外交問題に発展し、最後は同行大連支店から大阪に送られた八〇箱（約四トン）がある。

第二に、やはり先述の長春憲兵分隊から瀬尾栄太郎が引き取った三箱もある。売却先、あるいは担保に差し入れた先は不明だが、金貨を抱えて中露両官憲の注意を引きやすい中東鉄道に乗り、のこのこハルビンに戻るはずがない。

第三以下はいずれもここで初めて示すのだが、まず、ハルビンの日系商社東露公司が五月に、セミョーノフ軍関係者から軍需品代金として受領した金貨四〇〇万円相当（約三トン）がある。大阪に積み出され売却されたが、これは大連の銀行経由だ。

第四は、同じ五月の横浜正金銀行ハルビン支店のケースだ。同支店は金庫に貯まった二〇〇万円相当（約一・五トン）の金貨を現金化するため、上海で売却しようと計画した。事情を聴いた大蔵省現地駐在の草間財務官によれば、「最近、数回に渡り多額の買付を為し……」ということなので、時期的に見て疑われる大口の売主はセミョーノフしかいない。金貨は草間の計らいで造幣局への売却が実現し、日本の金準備への組み入れが図られている。

第五は、満鉄（南満洲鉄道株式会社）の関連だ。同社は日露合弁銀行の設立を計画し、その基礎としてセミョーノフの部下アファナシェフ中将を通じて、チタの金塊一二〇〇プード（約二〇トン）を買い取った。この処分も朝鮮銀行ハルビン支店とは無縁だったろう。なぜなら、日本政府はこの新銀行設立計画を最初から迷惑事案と決めつけていた。もし入手済みの金塊処分に満鉄本社のある大連の朝鮮銀行支店を使う場合でも、他の債権国の目を考え、最初から最後まで個人と銀行の一般取引の形にしなければ認めない、と強硬だったから、そもそも満洲の邦銀で処分できる余地はなかったと思われる。

第六に、国立銀行チタ支店の行員ロセッフからロシアの東京駐在武官ポチャーギン少将に、軍需品調達費として渡った一四〇万円相当の金塊の動きがあった。

この経緯について外務省がまとめた「ポチャーギン金塊問題報告」によると、一九二〇（大正九）年三月、つまり黒沢大佐による軍需品に見せかけた金塊輸送が終わった直後に、国立銀行チタ支店のロセッフはセミョーノフから軍需品の購入にあてる三三箱の処分を託された。金塊はチタ～朝鮮銀行大連支店～同大阪支店～大蔵省大阪造幣局と渡って現金化され、朝鮮銀行の口座にいったん納まった。ロセッフは東京に出張して朝鮮銀行の口座から一四〇万円を引き出し、九月二二日にポチャーギンに直接手渡した——。

このときの軍需品調達では大幅に予算が余った。残金はポチャーギン名義の横浜正金銀行口座で保管された。それがあとになって裁判沙汰になるのだが、この件はのちに詳しく触れたい。いずれにせよ、これも朝鮮銀行ハルビン支店を経由していない。

ほかに、朝鮮銀行ハルビン支店を経由しないセミョーノフの金庫からの流出金塊としては、中国側に押収された分がある。二件あって都合一二箱だ。

第一は、三月にスィロボヤルスキー少将一行がハルビン駅で中国税関に奪われた金貨六箱で、これについてはすでに述べている。

第二はここで新たに示すもので、一一月に東亜商業ハルビン本店主任天野林之助が満洲里でセミョーノフ軍第一軍団相互救済会代表ドゥーピニン大佐から納入品の代金として受領した金貨六箱だ。ハルビンに戻る途中のハイラルで、中国官憲に取り上げられた。

前者は北満憲兵隊が駆け込み先となったことで、後者は天野からの直接の訴えで、どちらも在ハルビン日本総領事館の知るところとなっていた。日本の特務や憲兵の目が光る朝鮮銀行ハルビン支店に、中国側がこれらの押収物を持ち込めばやっかいなことになる。処分は別ルートだったと考えるのが自然だ。

まとめると、セミョーノフの金貨金塊で朝鮮銀行ハルビン支店を経由したのは約六二トン（久保田支店長証言）、経由しなかったと思われるのは中国押収分を含めて約三〇・八トン。合計すると約九二・八トンになる。

こうしたなりふり構わない加速度的な金塊処分は、セミョーノフ軍の浮足立ちぶりを強く印象付けた。

九．極東共和国の成立とセミョーノフ軍の解散

長い闘いの旅を終えたチェコ軍団のウラジオストクからの帰還は、一九二〇年初頭から本格化し、出兵の本旨を遂げた連合各国の派遣軍も次々に撤収した。ひとり日本軍だけが白軍とつながり続け、撤兵を躊躇《ためら》った背景には、勢力下の朝鮮や南満洲が危うくなるかもしれないとの危惧があった。「露国領土の保全」、「内政不干渉」という出兵上の建前はあったものの、赤化した隣国と国境や勢力圏を接するのは悪夢だ。かといって、局面好転の目途は立たない——。日本は連合各国から向けられる冷たい視線を気にしながら、手詰まり状態に陥っていた。

一方のモスクワ政府は、シベリアの火の手が収まらないにもかかわらず、ヨーロッパであらた

に対ポーランド戦争に踏み込もうとしていた。ボリシェヴィキの政権が生き残るためには、周辺国への「革命の輸出」が必須だとレーニン、トロツキーが信じていたからだ。ポーランドは、ドイツ、オーストリア、ロシアに領土を分割され、民族の旗を奪われていたが、第一次大戦の終結で一二三年ぶりに独立を回復していた。それだけにポーランド軍の士気は高く、同国内の反ロシア感情も根強い。疲弊した赤軍にとって、シベリアとヨーロッパの二正面作戦はどうしても避けたかった。

こうした両国固有の事情が、シベリアにバッファー・ステート（緩衝国家）を置くという奇抜な妥協の道を拓くことになった。

緩衝国構想は、日本陸軍の中枢にもあったが、レーニン、トロツキーの承認のもと、先手を打ったのはロシア側だった。

ハルビンで〝ゴールド・ラッシュ〟が始まっていた一九二〇年四月六日、シベリア鉄道に沿ったヴェルフネウヂンスクを首都に極東共和国が誕生した。多党制を保証するなど「ブルジョア民主政体」の体裁を残す緩衝国家の樹立に、シベリアのボリシェヴィキは強く反発したが、レーニンは支持を変えなかった。初代大統領には、亡命先のアメリカから舞い戻ったユダヤ系の革命家で、シカゴの開業弁護士だった異色の人物クラスノシチョーコフが就任した。日本派遣軍の大井司令官は五月、声明を発表し、「緩衝国の設置は至極結構だろう」と受けて立った。クラスノシチョーコフは兼務していた極東共和国外相の肩書で、「貴官の宣言に対し深甚なる満足の意を表す」と返した。同国軍との停戦交渉には黒沢準大佐や高柳保太郎少将が浦潮派遣軍代表として臨み、七月には合意に達した。

停戦合意を受けて、チタから第五師団の撤退が避けられないものになると、後ろ盾を失うセミョーノフ軍は途端に動揺する。敵対する極東共和国軍に投降する者が続出した。チタにいたセミョーノフが敵包囲網に閉ざされ、辛くも飛行機でダウリアに脱出する事態も起きた。ともに戦ってきたヴェルジュビーツキー将軍率いるカッペリ兵団はそのダウリアを放棄した。一一月一九日、マチエフスカヤの戦闘で装甲列車数台がパルチザンに奪われ致命傷になった、と山内封介は伝える。現地のセミョーノフ軍は解散に追い込まれた。

参謀次長時代にシベリア出兵のシナリオを描き、政界長老から軍の特務機関に至るまで広く巻き込んで、持論を次々と形にしてきた田中義一は陸相に初入閣すると、原首相の意を汲む形で徐々に軌道修正を図り、撤兵の効果的タイミングを見計らうようになった。参謀本部に相談せず、兵力削減を決定するような力業も見せた。白軍への対応では、コルチャーク軍支援を明確にし、セミョーノフ軍を冷遇した。セミョーノフの分身を自認する黒木親慶少佐はそれに抗議し、同じ帝政ロシア駐在経験者である田中陸相の変節に、歯に衣着せぬ批判を繰り返した。黒木に残されたのは、軍籍を離れる道だけだった。日本とセミョーノフを結ぶ紐帯の役割を果たしていたチタ特務機関の長には、ウラジオストクから転じた井染祿郎大佐が黒沢準大佐に代わって就いた。

このようにして局地的な戦後処理が始まろうとしていた矢先、尾羽打ち枯らした元コルチャーク軍のペトロフ将軍と配下の一団が、金塊の箱を厳重に守りながら満洲里の駅にたどり着いた。サンフランシスコのセルゲイ・ペトロフが、回想のなかで語った父パーヴェル・ペトローヴィチ・ペトロフ、その人だ。ちょうどこのとき、満洲里では、チタから引揚げていたセミョーノフが井染大佐から武装解除を勧められていた。

一〇．ペトロフの金塊……食い違う証言

ほんの二十数年前まで、農地のなかに一部だけのっぺらぼうな倉庫群があっただけの上海・浦東地区はいま、各国から人・資本・情報が流れ込み、林立する高層ビルが高さとデザインの斬新さを競う。鄧小平の「南巡講話」をきっかけに、わずかのうちに世界のスーパー・パワーにのし上がった中国の勢いの象徴だ。それに比べ、かつて外国租界があった旧市街の中心部は、古い建物を巧みに生かした整備がすすんだ。

シベリア出兵の最中、日本租界の一角に籠り、思索を巡らせていた国家社会主義者の北一輝は、四〇日間の断食を経て、『国家改造案原理大綱』（著書名は『日本改造法案大綱』）を書き上げて

いる。そのなかで北はシベリア出兵を支持し、日本が北満とシベリア東部を押さえ、中国が内外蒙古を従えることによって、ともにロシアの脅威から守られるという日中共栄論を展開した。『大綱』もまた大正期の精華のひとつには違いない。

北が帰国準備を始めた一九二〇（大正九）年秋、アナキストの大杉栄が上海に初潜入を果たしている。大杉二度目の上海渡航は二二（大正一一）年暮れ。パリに向かう途上だった。大杉が尾行を気にしながら馬車で走り抜けたフランス租界は、北のいた日本租界と指呼の間にあり、当時からのプラタナス並木がいまも健在だ。道草を食うことも含めたパリ往復の旅費は、官費でもない限り、大金持ちにしか払えなかった。誰がどうやって用立てたのか。大杉本人は煙に巻いたが、不思議な友情で結ばれていた白樺派の作家有島武郎がポンと大金を出してくれたとすれば、大正という時代がひときわ大正らしく見えてくる。

ペトロフ将軍の長男セルゲイは少年時代の一時期を上海で過ごし、フランス租界の学校に通った。父親が趣味を生かしてフォト・スタジオを開業したからだ。スタジオはフランス当局に借りていたという。

満洲里を去ったあとのペトロフは、白軍残党やその家族とウラジオストク近くの村に移ったあと、奉天に転じて全ロシア軍統合本部支部長に就き、白軍将兵の受け入れを求め中国軍閥関係者と交渉した。

上海での暮らしはセルゲイにとって平穏なものだった。一九三一年の初頭、父ペトロフは突然、単身日本に渡る。翌年、呼び寄せられた家族が日本に着いてみると、横浜の山手地区にメイド付きの豪邸が用意されていた。セルゲイにはずいぶん贅沢な暮らしに思われた。

来日したペトロフは、シベリアから日本に亡命していたロシア人たちの間を忙しく動き回り、やがてリーダーのひとりになってゆく。日本在住ロシア人の政治団体は、当時の国内に七組織を数えたが、そのうちペトロフが属した露国軍事連盟は東京を含む世界一一都市に拠点を持っていた。亡命将軍として活動する一方で、ペトロフは日本政府を相手取って、金貨金塊の返還を求める民事訴訟を東京地裁に起こした。三二（昭和七）年から始まったこの訴訟について、息子セルゲイは、父親がパリと上海に亡命中の白軍指導者から指示を受けたのだろう、と漠然と考えてきた。では、亡命将軍のペトロフはシベリアでどう戦い、その後、白軍残党とどう関わり、それがペトロフ一家の裕福な暮らしとどう繋がっていたのか。

時計の針をオムスク政府の崩壊直前、一九年秋に戻してみる。コルチャークから後方司令官に任命されていたペトロフ中将は、金塊六三箱を積んだ列車に護衛部隊と新妻オリガ・ペトローヴナを乗せてオムスクから東を目指した。ペテルブルク貴族女学院で学んだオリガは、前線で看護婦として働いていた。ペトロフに与えられた任務は金塊をイルクーツクまで届けることだった。オムスクを放棄してイルクーツクに遷都する政府方針に沿った動きとわかる。コルチャーク率いる金塊列車に先行していたペトロフは、まだ目的地に着く前に最高総司令官拘束の報を受ける。情勢の悪化は予想以上だ。ペトロフは託された金塊を守るため、イルクーツクを越えて一気に中露国境を目指そうと決断した——。

ここからは諸説あるが、『プラウダ』元日本支局長ラティシェフの記述が詳しい。それによると、列車はイルクーツクを通過し、チタ方面に向かった。指揮下の部隊は志気阻喪し、階級の上下を問わず、金塊の安全より保身を考える有様だったが、ペトロフが厳しく監督した。チタ到着前に、運悪くセミョーノフ配下のコサック部隊に列車を停められた一行は、金塊を発見されてしまう。半分を引き渡せ、との要求に抗えなかった。その後の数ヶ月、ペトロフたちは、片田舎の小駅に停車して動かずにいたり、駅から駅へと這うように移動したり、あるときは病院列車を装うなどして金塊を守り、一九二〇年の秋近く、やっと中国側の満洲里に接近した。長い脱出行のなかで、一一箱が食糧や機関車燃料費に消え、オムスク出発時に六三箱あった金塊は結局二二箱に減っていた。

ジャーナリスト大林高士がセルゲイから聞き取った話によると、満洲里に着いたペトロフ将軍は、金塊二二箱をチタ特務機関長に就いていた井染祿郎大佐に預けて、日本軍の保護下に入る交渉をした。交渉は成立し、受領証の交付を受けた。その文面はロシア語で、箱の数、箱の番号と、金塊の標識が列挙され、「預け主の要求、もしくは預け主の委任状があれば、ただちに金貨と金塊を返却する」と記載されていた。「イゾメ」とロシア語のサインがあり、日本語の押印もあった。二二五×一五センチの一枚の紙切れ」だったとセルゲイはいう。セルゲイの理解では、その後ペトロフが仲間の生活費のために金塊返還を求めると、井染大佐は様々な口実をつけて応じず、返却しないまま、国境の街から満洲中心部へと消えた、という。

ところが、一九二一（大正一〇）年一月に派遣軍参謀長が陸軍次官に宛てた秘密電によると話は大きく違う。

以下、その電文に沿って述べるが、井染大佐は満洲里でセミョーノフから金塊四二箱の保管を頼まれた。四二箱の内訳はスィロボヤルスキー少将持参分が一二箱、ペトロフ中将持参分三〇箱との話だったが、実際にペトロフが持ってきたのは二二箱しかなかった。スィロボヤルスキー少将が、セミョーノフの依頼で兵器調達のため東京に赴いた軍人だったことはすでに述べた。結局、井染が預かったのは三四箱で、それに対応する預かり証をセミョーノフに渡し、スィロボヤルスキーとペトロフにはそれぞれ受領証明を交付した。ハルビンで金塊を処分することは、あらかじめペトロフにも伝えてあったが、セミョーノフ軍が解散すると、ペトロフは井染に金塊返還を求めてきた。そこで井染は、ペトロフの言い分をそのままセミョーノフに取り次いだ。するとセミョーノフは、「ペトロフの返還要求は拒否してほしい。そのうえで、ペトロフの手元にはまだ金塊約二五〇万円分が残っているはずなので、それを回収してくれないか」と逆に依頼された。しかし、すでにペトロフは現地を去っており、セミョーノフの要請には応えられなかった——。
いったいどちらの言い分に信憑性《しんぴょう》があるのか。

鍵は満洲里でのペトロフの身分にあった。ペトロフ一行が満洲里にたどり着いたのと同じ日、中露国境を越えて退却してきた一団は、まさにダウリアを放棄してきたヴェルジュビーツキー将軍麾下のカッペリ兵団だった。ペトロフは迷わず、引き連れた部下たちとともに同将軍の指揮下に入った。士気の高さと、旧ロマノフ王朝に対する忠誠心が決め手になった。遼東新報記者清水國治の記述にも、「当時はヴェルビッキー〔ヴェルジュビーツキー〕、ペトロフ等の将軍が軍〔カッペリ兵団〕を統率していた」とある。

カザンの銀行保管庫からソヴィエト政府管理下の金準備をチェコ軍団が持ち去るにあたり、先導役を務めたカッペリ兵団は、コルチャーク軍の一角を担ったが、オムスク陥落後は、過酷な雪中行軍で兵員を激減させた。残存部隊はチタに落ち延び、セミョーノフ軍に合流していた。

セミョーノフは、自陣に迎え入れたヴェルジュビーツキー将軍麾下のカッペリ兵団を重用した。極東共和国軍と対峙する最前線の指揮をすべて同将軍に任せ、自分は満洲里まで退却していた。したがって、同将軍は、カッペリ、セミョーノフ両軍にまたがる総司令官の立場にあった。研究者の沢田和彦によれば、ペトロフはヴェルジュビーツキー将軍のもとで、極東軍の調達司令官に就任している。極東軍、即ちセミョーノフ軍だ。ペトロフは、同将軍の部下になることで自動的にセミョーノフ軍に連なっていたのだ。

傍証もある。ペトロフが提起した金塊返還訴訟で、国側代表者（被告）として立つことが決まった陸軍省経理局監査課長の対応案稟議書が、一九三四（昭和九）年九月付で陸軍省内部文書に残る。それによると、訴状にペトロフは自らの身分を、「元セミョーノフ軍補給部長」と記載していた。つまり、調達司令官だ。ペトロフ自身に、セミョーノフの指揮に服していた自覚があったとすれば、金塊に何ら個人的権利を主張できる筋合いではない。井染がセミョーノフにのみ責任を負う態度で一貫していたことにも合点がいく。

セルゲイの認識では、父親の二二箱は最初から最後まで、コルチャーク政府の金準備の一端ということになる。しかし、コルチャークが下野宣言で、シベリアの政治と軍事の全権をセミョーノフに譲った事実は動かず、しかもその時点で金塊はシベリアにあった。井染はスィロボヤルスキー少将持参分を含めて、セミョーノフの金塊の一部と認識して預かり、セミョーノフの依頼に沿って、ハルビン特務機関の安藤麟三大尉に保管させ、売却指示までしている。そうであれば、金貨金塊の大量流入が続いた当時の朝鮮銀行ハルビン支店が、「セミョーノフの金塊」と見なした約六二トンのなかに、ペトロフの金塊も入っていたと見ていい。

なにしろ時間が経っているので、セルゲイの記憶が曖昧なのは責められないが、二・二六事件をきっかけにして、横浜の裕福な暮らしが急に苦しくなったことに間違いはなさそうだ。一家は山手の屋敷から下町の小さな家に転居を余儀なくされた。

二．ペトロフ訴訟陰謀説

来日後のペトロフが起こした金塊返還訴訟は、一九四〇（昭和一五）年、請求棄却、つまり原告敗訴で終わった。原告代理人として訴訟を支えた「オオイ」という姓の弁護士が、「このような時代、勝てる裁判も負けてしまいます」と慨嘆していたのをセルゲイは憶えていた。しかし、沢田和彦によると、そもそも唯一の書証というべき受領証明の原本は、一九二一年一二月七日にすでに全ロシア農民同盟代理人スラヴィーンスキーに日本軍に対する債権として売り渡し、換金したので手元になかった。とすれば、訴訟提起の段階からペトロフは、自分に金塊を取り戻す権利がないのを承知していたことになる。

もし、井染に「騙した事実」を認めさせたい一念で訴えたと考えても、訴訟を提起した一九三二（昭和七）年の時点で、井染はすでに鬼籍に入っており辻褄が合わない。

素顔のペトロフは、将官らしい威厳を保ち、礼節をわきまえ、義侠心に富んでいたようだ。身につけていた皇帝の写真を毎朝取り出して遥拝《ようはい》を欠かさず、ロシア正教会にも寄進をいとわない篤い宗教心の持ち主でもあったらしい。遼東新報記者の清水國治も、謹厳実直な人物という印象を記している。私心があったとは考えにくい。

ペトロフが単身来日した時期は、皇道派軍人のカリスマ荒木貞夫大将が陸軍大臣に就任した直後にあたる。荒木は二・二六事件で失脚するが、ラティシェフの推理では、それまでの間、何らかの意図をもってペトロフ一家の日本でのパトロン役を務めたのではないか、という。端的に言えば、ペトロフの訴訟を通じてシベリア出兵の裏面を暴き、政争の具にすることを狙ったというのだが、専ら疑われる荒木は、大陸の各特務機関と深く関わるなど、自ら裏面史をつくった側であり、荒木のパトロン説もしっくりこない。訴訟の狙いは純粋に白軍資金の回復にあったのだろうか。

パトロン説が浮かんだのは、ペトロフ一家が横浜・山手の豪邸住まいだったことや、安くはない訴訟費用を長期にわたって賄えたことからだ。もし来日時のペトロフにあらかじめ相当な財力があったとしたら、まったく話は違ってくる。

すでに述べた通り、ペトロフは井染から交付を受けた受領証明を、シベリアを離れる前に全ロシア農民同盟代理人スラヴィーンスキーに売却して対価を受けていた。なにしろ金塊二二箱分(約一トン)の債権だ。相当な金額になったと考えるのが自然だ。売却の代金は、ペトロフのことだからそっくり白軍に納めたはずだが、白軍残党の公務で来日したとなれば、まとまった活動資金を託されたとしても不思議でない。

つまり、亡命ロシア人組織の活動経費や訴訟費用を負担し、一家の生活費のような私的部分をカバーしても、当面は十分にやって行ける潤沢な資力があったのではないか。

もちろん、二・二六事件の勃発はペトロフにも衝撃で、日本なりの政情不安を思い知らされた。そこで、事件を機に、残余の蓄えを睨み合わせて支出の中身を検討し、私的なものから切り詰めた。この見直しによって、長引いた訴訟の費用も結果的に捻出できた――、ということではなかったか。

訴訟に敗れ、蓄えも尽きかけたペトロフは新たに収入源を求めたが、戦時色が強まる日本では思うようにいかない。国家総動員体制が強化されると、一家は敵性人種隔離の名のもとに軽井沢に幽閉され、憲兵に始終付き纏われる不自由な暮らしを強いられた。同じ軽井沢の一角には、難民の子として辛酸を舐《な》めてきた白系ロシア人で、日本プロ野球界初の三〇〇勝投手となるヴィクトル・スタルヒン夫妻も放り込まれていた。

ペトロフ一家は終戦で幽閉生活から解放されると、亡命ロシア人が多いサンフランシスコに移住した。モントレーの軍関係の大学にロシア語教員の職を得たペトロフは、一九六七（昭和四二）年、八五歳で波乱の生涯を閉じた。

一二、カルムイコフの金塊……露呈した不法保管

ハバロフスクはロシア極東最大の都市でありながら、最果ての地特有の名状しがたい心細さが付きまとう街だ。それはアムールとウスリーの両大河が合流してつくる、見渡す限りの水面が、否応なく街を眺める視界に飛び込んでくることと無縁ではない。「流れる淡水の海」は、はるか遠く中国領まで続く。波が荒々しく立って川面の表情が厳めしいわけではないが、大陸の自然の桁外れのスケールを前にすると、気圧《けお》されるものがある。自分のちっぽけさ、無力さを思い知らされる感覚とでもいえばいいのか――。

山内封介によると、ハバロフスクは三つの蒲鉾状の丘に築かれた街で、革命前までは極東ロシア総督府が置かれ、沿海州の州都として行政の中心地だった。問題は、総督府と軍隊の間の確執が長年に及んだことだ。それが災いし、都市機能の整備は遅れた。中央政府から送り込まれる極東開発費が、「多くの悪官吏の私腹を肥やしたり、勢力争奪運動に消費されたりした」からだ。雨の日に馬車に乗ると、全身泥まみれになるほど路面状況も悪かった。しかも、ほとんど役所の存在だけに頼ってきたため、シベリア出兵期まで、人口も三、四万人を超えたことのない小都市に過ぎなかった。そんなハバロフスクの名は、シベリアからの撤兵以降、日本人からほとんど忘れられていたが、ある事件の背景として国会で突如、取り沙汰されることになった。

一九二七（昭和二）年三月二四日、第五二回帝国議会衆議院本会議で清瀬一郎代議士が登壇し、臨時軍事費特別会計に関連して、「シベリア出兵期の金塊問題」を持ち出すと、議場は大荒れとなった。議事録の記載をそのまま拾うと、「〈議長〉静粛に願います。どうぞご着席願います。静粛に願います」――「〈議場騒然〉」――「〈清瀬〉諸君が良心に恥じるところなければ……しばらくご静聴願います」――「〈議長〉静粛に願います。海原君退場を命じます。海原君と松岡君退場を命じます」――「〈議場騒然〉」――「〈清瀬〉諸君と我々とは立場は違いましても、いずれも重大なる問題であることは疑いないのであります」――「〈此の時発言者多し〉」――「〈議長〉原君着席を願います」、といった調子だ。

そもそも第一次大戦参戦の要請から一九一四（大正三）年に立法化された臨時軍事費特別会計が、シベリアから日本軍が完全撤兵した二二（大正一一）年秋以降も廃止されず、関東大震災を経て、昭和金融恐慌が始まった同じ月まで存続していたこと自体驚きだ。本来の目的を失ってなお存続する特別会計が、軍部に都合よく利用され、様々に不明朗な問題を引き起こした、というのが清瀬の論旨だった。清瀬のこの日の発言には、軍事機密を漏らすものだとして懲罰動議が浴びせられたが、本会議の採決では否決されている。

「シベリア出兵期の金塊問題」として、清瀬が言及したハバロフスクの事件とは、一九二〇（大正九）年二月、ウスリー・コサックの頭目カルムイコフがハバロフスクを撤退するにあたり、国立銀行ハバロフスク支店から箱入りの金板および袋入りの砂金計一〇〇万ルーブル相当、重さにして約四七プード（約〇・八トン）を掠奪し、それを日本軍関係者に預けたが、返還が履行されず、うやむやになってしまった、というものだ。外務省記録によると、金塊はカルムイコフの副官クローク中尉から、ハバロフスク駐屯第一三師団第三〇連隊の菅順蔵大佐に託され、クローク中尉は預かり証を受けたが、金塊の実物はその後ハバロフスク特務機関長の五味為吉大佐の手に渡っていた。

掠奪行為をはたらいたカルムイコフ軍とは、ハバロフスクを根拠地として革命勢力と対峙したコサック兵団で、ある時期まで日本軍から厚い支援を受けていた。尼港事件の際、港内の中国軍艦四隻がパルチザンに味方し、日本軍守備隊に艦砲射撃を浴びせた事実はすでに述べたが、ロシア革命の混乱に乗じて、アムール河の通行権を拡張しようと遡上していたこの中国艦隊が中流域から尼港まで追い返され、結果的に現地で越冬を余儀なくされたのは、カルムイコフ兵団の強力な迎撃のためだった。

カルムイコフは一八八八年にモスクワ南東のリャザンで生まれ、大戦中からウスリー・コサックの部隊を率いた。シベリア出兵前、日本としてシベリアで推し立てるべき人材を物色して現地を歩いた中島正武将軍に見出されるのはセミョーノフと同様だ。アメリカのシベリア派遣軍を率いたグレーフズ将軍は、ロシア人気質を理解しない凡庸な人物だったらしいが、「かつて見たことも聞いたこともない最悪の凶漢」とカルムイコフを嫌悪した。シベリア出兵研究の権威、原暉之も「このような人物に権力を握らせる機縁をつくった中島少将の責任は大きい」と、にべもない。確かに「残忍といわれたセミョーノフさえ、自分で手を汚すことはなかったのに、カルムイコフは平然とやってのけた」との評が残る。ただし、彼が率いた兵団に関しては、同時代人のジャーナリスト石原友一郎が、とかく評判の悪いセミョーノフ軍との対比で、「軍規厳粛で、チェコ軍団以上に精鋭揃い」と書き残しているので付言しておく。

カルムイコフの悪行は死後になっても露呈した。駐日スウェーデン大使が内田外相に、日本の銀行に残るカルムイコフ名義の預金調査を依頼してきたことがある。非戦闘員であるスウェーデン赤十字社の職員がシベリアで殺害され、同社所有の約一九〇万ルーブルと物品が盗まれる事件が未解決だったが、生前のカルムイコフの犯行と判明したからだ。

シベリアの自治を担う資質があるとは到底思えず、実際、行政能力も欠いていたが、日本軍の仲介もあり、カルムイコフが率いる兵団はセミョーノフ軍のハバロフスク支隊に位置付けられていた。

のちの東京裁判で東條英機の弁護人を引き受ける清瀬は、ハバロフスクの金塊問題を追及した国会に、菅順蔵大佐の聴取録を持ち込むなど、法律家らしい周到な準備で臨んだ。そのうえで、金塊はウラジオストクに移されたあと、日本軍の撤退に伴い、密かに日本に持ち込まれた、と指摘した。この金塊が国内各所に隠され、資金洗浄を経て軍の公債や裏資金に化け、政界を毒した——。つまり、田中義一、山梨半造の懐に入ったという論法を展開した。田中らの公債着服疑惑には前段があるのだが、これはのちに詳しく述べる。

カルムイコフが中国官憲によって処刑されるのは一九二〇年九月。逃亡先の吉林で元ロシア領事館占拠事件を起こし、五月から拘束の身だった。ハバロフスクの銀行から金塊を奪い、日本軍に預けた張本人がいなくなった途端、日本軍には金塊返還の要求が相次いだ。

誰がどう返還を求めてきたのか、事情が込み入っているので、浦潮派遣軍・軍政部長が外相の内田に送った機密電などをもとに、以下整理してみたい。

第一は、クローク中尉の関係だ。預かり証を持つクロークは証書を持参して五味大佐に金塊返還を求めたが、五味は、「証書は正当だが、将来の問題となってはまずい」と引き渡しを躊躇した。クローク中尉はやむを得ず、預かり証を担保にして某邦人から数万円の融通を受けた。これが漸次転々として、債権はついに二十数人の邦人が分け持つ形になった。だからといって、権利のなくなったクローク本人が最後まで返還要求のゲームから降りなかったのは、ペトロフ将軍のケースと似ている。

第二は、アムール州の金鉱業者たち七人の線だ。代表者ソコロフスキーは、「金塊のうち一二プードは自分たちの私有財産だ。一九一八年一月に過激派に奪われ、白軍が取り返した分だ。安全のため日本軍に依頼して国立銀行ハバロフスク支店に保護預けしていたところ、掠奪に遭った」と証拠を示し、返還を迫った。

第三は、亡命していたセミョーノフの筋だった。セミョーノフの代理人を名乗る黒木親慶がクローク中尉と交渉するためウラジオストクに現れ、「右物件の全部はカルムイコフの死後、その帰属は首脳者たるセミョーノフ将軍〔傍点引用者〕にあり、当然交付すべきもの」と強硬に主張した。コルチャークの下野で、シベリアの政治と軍事の全権はセミョーノフに移ったという論理だ。正攻法で埒が明かないと見た黒木は、クロークと妥協して共同戦線を張る気配を見せた。邦人債権者らは事態を動かすため、金鉱業者を後押しする一方、黒木とクロークの連携も歓迎したから、事態はいっそう複雑化した。

当時、朝鮮銀行ウラジオストク支店長だった伊藤信郎が貴重な証言を残している。それによると、金塊の帰趨が定まらない間、軍の依頼で保管を引き受けていたのは同支店だった。金塊に動きが出たのは日本軍撤兵時で、行員付き添いのもと、御用船で門司港に積み出され、門司からランチで下関支店に移された。最終的に金塊は軍から同行に売却され、同行は大阪造幣局に船で送り、分析試験を経て清算した。軍に渡った売却代金は「無慮〔およそ〕三十余名に上る」債権者とセミョーノフの間で分配されたという（多田井前掲書）。

そうであれば、「カルムイコフの金塊」が田中義一名義の公債に化けたり、裏金になったりするはずがない。清瀬の国会発言は、その点、荒唐無稽であって、見当違いの言い掛かりと言わざるを得ない。それでも、陸軍省通達に違反して、朝鮮銀行下関支店に一年以上、金塊を不法に保管し、また何の法的根拠もなく勝手に売却した陸軍、ひいては山梨半造陸相の身勝手は、広く国民の知るところとなった。

ちなみに「カルムイコフの金塊」のうち、金鉱業者が預けていた一二プードを除く三五プードは官金だったと思われる。

ハバロフスクは、十月革命勃発後の一時期、クラスノシチョーコフ率いる極東地方ソヴィエト自治会委員会（政府）に支配された。同政府は地方自治会機関と地方ソヴィエトの両選挙でボリシェヴィキが辛くも多数派を占め、どうにか成立した組織体で、保守的な農民層への配慮から政策は漸進的だった。独自通貨の発行など、経済立て直しに躍起ではあったものの、日本軍とカルムイコフ兵団に追われて、ハバロフスクを放棄する際も、同政府関係者が銀行の財貨に手を付けた気配はない。入れ替わりに入城した第一二師団長当時の大井成元も、「これは国立銀行の金であるからして、手を触れてはならぬ」と厳命していた。

三五プードがもし「コルチャークの金塊」で、軍需品や生活物資の代金やその担保としての東送分ならば、ウラジオストクまで運ばねばならず、ハバロフスクに留め置く理由はない。「セミョーノフの金塊」ならば、中東鉄道が使われるはずで、ハバロフスクを経由しない。結局これは革命によって取り潰された極東ロシア総督府の官金が、組織的略奪を受けることなく銀行に残ったものと解するのが自然で、いずれにせよ「ロマノフの金塊」からの流れではなかろう。

第四章——波高き日露のはざまで

一.原敬暗殺

クーデターで政権を奪取したボリシェヴィキは、帝政ロシアが営々と蓄積した金塊九七六トンを、いちはやく支配下に置いた。本格化した内戦のなかで、レーニン政府が安全のためカザンに避難させた金塊から、約五〇〇トンが白系オムスク政府の手中に落ちた。シベリアの国際協調出兵に日本が参画したからこそ、ロシアの金塊と日本の間に接点ができた。日本軍の出兵期間は連合国中、最も長く四年を超える。出兵後まもなくから、完全撤兵のちょうど一年前まで、日本の首相はずっと原敬だった。その間にオムスク政府の隆盛と没落とがあり、セミョーノフ軍の解散やカルムイコフの死があった。言葉を換えると、原首相時代に金塊が日本へ流れ出すようになる。任期途中の原がテロに斃《たお》れなかったら、撤兵もまた原政友会政権によってなされたとして何の不思議もない。原の不慮の死の前後を微細になぞって、当時の日本の世情を蘇らせてみるのも、小論にとって無駄ではなかろう。

原敬はシベリア出兵に反対を唱える政治家のひとりだった。その原が軍人出身の寺内正毅の後を受けて政権を預かり、政権とともにシベリア出兵の行く末を託された。日本の憲政史上、初となる本格政党内閣を率いて登場した原新首相は颯爽としていた。爵位を求めなかったことから、「平民宰相」と国民から盛んにもてはやされた時期があったのは一面の事実だ。ただし、今風の世論調査――有権者の期待の高まりや失望が手に取るように判る――の対象に、もし原内閣がなっていたとしたら、政権の比較的初期に支持率はピークを打ち、その後はずっと右肩下がりだったと思われる。

世界大戦の余波で空前の好景気に沸いた反動が戦後恐慌を呼んだ。半年ほどで一転、今度は空景気（バブル）が来て、国民は振り回される。シベリア撤兵時期を見計らいはじめた矢先、尼港事件が発覚して国民から厳しい目を向けられる。前政権の置き土産だった北京政府への巨額貸付、いわゆる西原借款が回収不能になる――。

原政権は確かに難局続きだったが、大正デモクラシーの空気を吸う青年層を大いに落胆させたのは、原が普通選挙実現に冷淡だったことだ。冷淡といえば、尼港事件の責任を問われた際、「不可抗力」と口を滑らせ、主要閣僚が顔を揃えた築地本願寺の追悼法会にもひとり欠席して不興を買った（井竿富雄『尼港事件と日本社会、一九二〇年』）。また、東京市会を舞台にしたガス疑獄、土木疑獄など与党政友会の腐敗や、子飼いの元官僚が巨額背任に問われた満鉄事件、さらには閣僚の食言問題などが次々と露呈したのに、数を恃んで批判に耳を貸さず、独裁者呼ばわりされていたという、もう一面の事実はほとんど忘れられている。

一国の首相が横死したというのに、いくら権力監視が新聞の命だからといって、「理想の政治家ではなく、……力の政治家で、力によって斃された」（東京朝日）といった社説が掲げられる状況は、やはり異様だ。

以下、『原敬日記』を踏まえた多田井喜生、松本清張、記録文学作家児島譲の記述や、東京地裁検事局の指導検事、小泉輝三朗の貴重な証言などから、原の遭難前後の動きをたどってみる。小泉は戦災で焼失したテロ事件の裁判記録を、教育上の必要から前もって複写していた。

原自身は世間の不満、憎悪が自分に向いていることを知っており、ある種の覚悟があった。凶事を心配した知人が御守を贈ったところ原は、「危難の来るときは、いかなる守神があっても危難は来る。……一人の警護も伴わず、何ら護身用の物も所持せず、運を天に任せているので、肌身につける御守など考えたこともない」と一応強がってはいた。

悪い予感を胸に宿した知人のなかに勝田主計もいた。蔵相に取り立ててくれた寺内正毅の三周忌法要で、接待役を引き受けた勝田は、会場で旧知の原と話し込んだ。

「首相は相変わらずご健康で結構です」

「いや、近来リュウマチで苦しめられて、大分弱って居るよ」

普段、剛毅な原が珍しく弱音を漏らしたので勝田は記憶に留めた（多田井前掲書）。

元樺太庁長官の平岡定太郎も、暗殺の企てがあると聞くので、と率直に用心を促した。平岡と会った日、原は遺書を認めている。平岡は作家三島由紀夫の祖父にあたる。

政党人の自覚旺盛な原は、時間をやりくりして地方の党大会に足しげく通った。一九二一（大正一〇）年八月には、汽車、連絡船、また汽車を乗り継いで、東北政友会大会が開かれた札幌まではるばる出かけた。その帰途、郷里盛岡の菩提寺に参拝し、虫が知らせたのか、自分の墓所を決め目印の檜葉を植えた。同年一一月四日も原は、近畿政友会大会出席のため、夜の急行で西に下ることになっていた。当日の朝、顔を合わせた蔵相の高橋是清が見かねて、「地方大会などにいちいち君がいかなくても……」と諫めた。「原の目の辺りが、どうも影が薄い。いわば死相でも出ているというのか……何とも云えぬ様な淋しそうな感じがして」いたからだ（多田井前掲書）。

しかし、原は予定を変えず、午後七時二〇分、東京駅に着き、駅長室に入ったあと、改札口に向かった。そのとき、三等改札口付近で待ち受けていた若い男がやにわに駆け出して原に近づき、胸の正面にぶつかる形で短刀を突き立て、折り重なるように倒れた。どちらも無言だったので、警備の者も気づかない。近くにいた小川平吉国勢院総裁や高橋善一東京駅長は、つまずいて転んだか、ひょっとして心臓麻痺だと思った。小川は「総理、しっかりなさい」、高橋は「どうかなされましたか」と声をかけている。心臓を一刺しされれば即死する、と誰にも知識はあるが、そんな惨劇を目撃することはまずない。原はまさに犯人の一刺しが致命傷となり、運び込まれた駅長室で絶命した。

検案に当たった原の主治医正木二郎によれば、外部への出血はごく少量で、縞シャツの血痕は縦二寸五分（七・六センチ）、横一寸六分（四・八センチ）に過ぎない。多量の血液は右心房から体内に溢れ出していた。検視を行なった東京地裁検事猪俣治六、同予審判事池田確二、同山崎佐は、総理大臣に敬意を表して、傷口をあらためず、疵跡《きずあと》のあるワイシャツを押収して殺傷の証拠に代えた（小泉輝三朗『大正犯罪史正談』）。

現場で取り押さえられた刺客の中岡艮一《こんいち》は栃木生まれの当時一九歳。東京・大塚駅の転轍助手、つまりポイント切り替えの補助職だった。子供の頃から維新の志士に憧れ、逮捕直後の刑事の調べに、はじめは「土佐の中岡だ」と名乗った。本当は、維新の志士として知られる土佐陸援隊長の中岡慎太郎と縁もゆかりもない。父の精は栃木の足尾銅山勤務を辞めて上京し、東京市土木課に転職した。明治期の大規模鉱毒公害事件で悪名高い足尾銅山は古河鉱業の経営だが、原敬はその古河の副社長に就いたことがあり、因縁めいている。精が肺を病んで亡くなると、たちまち中岡家は困窮した。艮一は尋常高等小学校高等科一年で中退を余儀なくされ、印刷会社に雇われた。

そこは二年しか続かず、隣家の世話で駅夫見習の職を得た。

何か大きなことをやって名を上げたいと念願していたが、夢と現実のギャップは大きい。転轍助手というのは最下級の駅夫見習であり、正職員になるためには試験をパスしなければならない。良一は勉強するでもなく、暇ができると活動写真館に通い、大塚駅付近に屯《たむろ》していた素行の悪い少年少女連中と付き合って、現実から逃げていた。一方で職場では、新聞記事から得た知識で、政友会の横暴や原首相の独裁を攻撃しては、同僚たちの前で気炎を上げるようなタイプだったらしい。激情家ぶりは、森有礼、星亨らを襲った暗殺犯を「志士」として盛んに称揚したという父の精ゆずりだった。こういう良一が周囲からどう見られていたのか、推して知るべしだが、大塚駅助役の橋本栄五郎は、まじめに良一の話を聞いてやる唯一の人間だった。ある日、例によって良一が話しながら激して、「首相を暗殺する。そして国民を救う」とまで言うので、橋本助役もあきれてつい不用意な一言を漏らす。「口だけならだれにも言えるさ……」。

人は自分の強がりを他人から図星にされると、居直りたくなるのかもしれない。良一のなかで何かが決壊した。「口舌の輩でないことを証明してやる」。

九月三〇日、白鞘の短刀を買った。この三日前、東大・安田講堂に名を遺す実業家の安田善次郎が、神奈川県大磯の別荘で刺殺される事件が起きていた。犯人の朝日平吾は現場で自害した。朝日は満洲や朝鮮を放浪して一時は満蒙独立運動の一端に連なった。といっても、いわゆる大陸浪人崩れで、国士を気取り、名のある人物を訪ねては恐喝まがいの寄付強要を繰り返した。満洲の日本官憲から諭旨退去処分を受け、浅草・吉原の娼館の用心棒などで糊口をしのぎながら、「平民青年党」を名乗り、財閥、官僚、政党を批判し、窮民救済を訴えていた。そんな朝日だが、財閥の罪を糾弾する斬奸状《ざんかんじょう》を残していた。斬奸状は私淑する北一輝にも送られていた。事件を報じる新聞各紙が、この斬奸状の内容に引きずられ、朝日に同情する論調を示したことも艮一の背中を押した、との解釈に特段無理なところはない。

艮一が初めて行動を起こしたのは一九二一（大正一〇）年一〇月一日。信州政友会大会に出席した原の帰途を、上野駅で待ち構えたが隙がなかった。

九日には、甲府政友会大会から戻る原の列車に、立川駅から鉄道員の制服を着て同乗することができた。前方の一等車の出入口に立って車内を窺うが原の姿は見えない。国分寺駅で後方の二等車に移り、車掌台の横に行って車内を確かめた。代議士らしき人物と原の姿が見えたが、「良心が咎め、車内に踏み込むことができなかった」。そのとき、艮一は、巣鴨の中古金物店で求めた短刀のほか、海軍ナイフを所持していた。

二四日は、原が岐阜大会から帰京すると知って東京駅で待ったが、だめだった。犯行当日の一一月四日は午後六時ごろから東京駅改札口付近で張り込んでいた。

公判調書のなかで艮一は、自分が政治に目を向けた端緒は尼港事件だとして、「多くの同胞を殺したのは政府の方針が悪かったからだが、どの点に問題があったのかは、研究してみたことがなかった」と述べている。こうした供述からは、思想的背景などとは無縁の幼稚さだけが感じられる。ただし、まったく別の観察もある。艮一の背後関係の調べが十分尽くされていなかったのではないか、という見方だ。

犯行の二日前、当時貴族院議員だった近衛文麿は、五百木という男から「原総理が二、三日のうちにやられます」と不気味な話を聞かされた。

五百木《いおき》良三は欧化主義反対を唱える頑迷な国粋派右翼で、大陸浪人時代に文麿の父、篤麿の知遇を得て以来、近衛家に出入りしていた。正岡子規に俳句を学び、同郷の勝田主計とも句会を通じて接点があった五百木は、二一（大正一〇）年二月に首相の原を訪ね、「皇太子（のちの昭和天皇）のご洋行を中止せよ」と申し入れたが、拒絶されている。

五百木の言葉に反応した文麿は、ただちに山県有朋に通報し、山県は配下の者を原の私邸にやって急を知らせた。しかし、原は真に受けなかった。

事件は単独犯行に見えるが、艮一は助手仲間の染谷進を犯行に誘い込もうとし、高額の稼ぎになると持ち掛けた事実がある。その際、艮一は「芝公園一三号地」に仲間が待っていると仄めかした。芝公園一三号地には、作家の柴四朗が住んでいた（児島譲『平和の失速　八』）。代議士を長く務めた柴は、大隈内閣の外務省参政官時代に、満蒙独立運動に絡んで五百木と同志的関係を結んでおり、事件当時も皇太子外遊反対で深く繋がっていた。
良一は無期刑に服したが、三度の恩赦を受け、三四（昭和九）年に出所した。助役の橋本栄五郎も気の毒なことに教唆の罪で起訴されたが、一、二審とも無罪になった。

原は首相として一九代目だが、原より前の首相経験者は、二度以上内閣を組織した人物が多く、初代の伊藤博文から数えても九人しかいない。その九人のなかでも凶変に倒れたのは、首相の座を降りたあと、韓国統監となってハルビン駅で射殺された伊藤ただひとりだ。現職首相初の暗殺が日本国民にもたらした衝撃はどれほどのものだったのか。

シベリアからの撤兵に関して原は、得意の調整力を生かし、道筋だけはつけていた。ただ、凶事に遭うころには、目に見える代償を得て「勝ち戦」で終えたいとの欲に捉われてもいた。その欲が原の死後も政府を縛ったため、撤兵実現の懸案は、後継の高橋是清、加藤友三郎両内閣に積み残された。

二．日本の対ロシア債権

第一次大戦で日本が帝政ロシアに供給した兵器、弾薬、軍装は、一九一六年七月までに総額三億四九〇〇万円に達した。需要に対してなかなか生産が追いつかない日本は、陸軍砲兵工廠を急遽拡張したほか、兵器輸出のために三井物産、大倉組など大手企業を集め、泰平組合というコンソーシアムを作らせるなど対応を急いだ。加えて、日露戦争や青島の日独戦で鹵獲した戦利品の一部を無償提供し、海防艦、巡洋艦は格安で譲り渡すなどして受注に応えようとした。

富山国際大元教授の白鳥正明によると、帝政ロシアが日本に支払う軍需品購入費用は、現金でも、金準備に裏付けられた借款でもなく、円貨ロシア国債によって調達された。日本の大蔵省預金部と横浜正金銀行が引き受けた帝政ロシア大蔵省証券は、一九一六（大正五）年中だけでも計三回、総額一億三六六七万円分が発行されている。

レーニン政府はケレンスキー臨時政府から権力を奪って誕生したが、「前政権の後継ではない」と宣言し、声明で過去のロシアの対外債務を否認した。事実上、デフォルト状態の始まりと見ていいが、レーニンの新政府を認めない債権国の日本は、旧体制下で任命され、そのまま日本に駐在するロシア外交官や武官を、引き続き正式な利益代表と認め、彼らが発行する不確実な債務証明書などを、支払い手段として受け入れ続けた。

内戦中の一八（大正七）年七月に第三回全露ソヴィエト大会が開かれ、「国際銀行および財政資本に対する第一撃〔傍点引用者〕として……皇帝、地主および有産階級政府のもとで締結された国債の廃棄」が追認された。円貨ロシア国債の償還に目途が立たなくなり、日本政府は大至急、ロシア国債購入者の保護を図らねばならなくなった。購入者としての国の立場はともかく、民間企業や個人も買っているから、対応を誤れば国内経済を混乱させかねない。大蔵省はロシア国債と交換可能な臨時国庫債券を新たに発行し、それを横浜正金銀行に持ち込めば現金化できる制度を設けて、急場を凌ぐことにした。

一九二一（大正一〇）年秋、大蔵省は国内大手銀行に対し、旧ロシア政府の資金が預金の形で眠っていないか、調査のうえ報告するよう通達した。帝政ロシアとその後継政府に対する、日本国内の債権引き当ての財源探しが第一の目的だったが、他方、外国からロシア財産持ち出しの嫌疑を受けることに、日本政府がどれほど神経質になっていたかを物語るものだ。

日本、北海道拓殖、朝鮮、三井、第一、三菱、住友の七行には該当がなく、横浜正金と台湾の二行で見つかった口座のうち、横浜正金銀行東京支店の通知預金五八五〇万円について政府は、臨時国庫債券を回収する財源の一部として、同行に引き当てを認めた。ただし、特別会計を締める段階で、横浜正金銀行が回収した臨時国庫債券の額面総額は二億九二〇〇万円に達した。要するに、第一次大戦で日本がロシアに供給した兵器など軍需品代金のかなりの部分は、焦げ付いたままで終わったのが実態だ。

三．ポチャーギンの金塊……日露の損得勘定

『プラウダ』元日本支局長ラティシェフは、コルチャーク、セミョーノフ、ペトロフの名がつく金塊のほかに、シロートキン教授の説を援用して、「ポチャーギンの金塊」なるものもあったとしている。先に「ハルビン以外の流れ」のひとつとして触れたが、以下踏み込んで見ていきたい。

東京に駐在したポチャーギン少将は、帝政時代から軍需品収納に携わった。コルチャーク軍が善戦し、オムスク政府がまだ安泰だった一九一九年春、来日した同政府スーリン陸軍次官を補佐して、兵員四万五〇〇〇名分の兵器や装備品、電話設備など約六〇〇〇万円分の購入をまとめたことが判っている。オムスク政府崩壊後は、セミョーノフ軍のための軍需品購入にも深く関与した。その結果、ポチャーギン少将と、元帝政ロシア駐日財政代表ミレルの個人口座の残高は、ときによって、かなりの額に膨らんだ。

ポチャーギン少将には、残高のお零《こぼ》れに与りたい者から様々なアプローチがあったと思われる。下野したセミョーノフも権利を主張した。しかし、ポチャーギンは、セミョーノフ軍が解散してしまった以上、「自分に委託されている資金はロシア国庫のものであり、全権を正当に任されている者以外には誰にも渡せない」という態度を貫いた。業を煮やしたセミョーノフ代理人の黒木親慶らは、ポチャーギンに刑事告訴を仕掛けた。すでに述べたように、軍需品購入資金として受

け取った額の残金一〇六万円を着服したと訴えたのだ。

訴えを受けた東京地裁検事局は、二二（大正一一）年四月、金山季逸次席検事名でポチャーギンを不起訴とした。このとき、ポチャーギン名義の銀行口座に軍需品購入資金の残りが、手つかずにあったことが確認されている。黒木らは諦めず、二の矢として民事に訴えて七年越しの長い裁判で争った。憲兵司令官時代の荒木貞夫が、この訴訟の第一審に原告側証人として出廷し、コルチャークからセミョーノフへの権力移譲は正当なものだと証言して、黒木を援護したこともあった。被告にされたポチャーギンは移住先のスイスから代理人を頼り、一、二審とも門前払いの判決を勝ち取った。

この第二審の審理が大詰めに差し掛かるころ、セミョーノフ側は思いもよらない策に出た。大林高士によると、東京地裁で進行中の訴訟と同内容の訴えを、こんどはセミョーノフ自身が原告となって、管轄の異なる神戸地方裁判所に提起したというのだ。もちろん、被告のポチャーギンは日本にはいない。しかしセミョーノフ側は、あたかもポチャーギンが神戸に住所を残しているかのように装って訴状を提出した。真に受けた裁判所は、ポチャーギン宛てに訴状と呼出状を郵送するが、当然、本人には届かず、したがって返事もない。これがなぜか、「被告に出廷の意思なし」と見なされた。欠席裁判が始まり、原告側の一方的な言い分が通った。その結果、裁判所は「債権差押並びに転付命令」を出す。これほどの出鱈目が通るものか、にわかには信じがたいが、要するに〝原告セミョーノフ〟の完全勝訴だ。

東京の訴訟でポチャーギンの代理人を務めていた岸清一弁護士が神戸の動きを危ういところで察知し、ただちに異議を申し立てなければ、ポチャーギンの銀行預金は原告側にそっくり引き出されるところだった。奇怪極まるペテン裁判でありながら、大阪毎日新聞一紙を除いて、新聞報道がまったくないことに着目した大林は、著名な政治家や大官への影響を慮った、異例な「非公開・密行訴訟」ではなかったかと疑っている。なお、この神戸の訴訟では、ポチャーギンになりすました外国人が暗躍したとの異説がある。いずれにせよ、裁判所を欺こうとしたことにかわりはない。

東京で争われた本訴は、上告審までいったところで和解の動きが出た。ポチャーギン側が原告のしつこさに根負けしたのだろう。和解成立は一九二九（昭和四）年九月。ポチャーギン三分の二、黒木三分の一という合意は、黒木側にとって出来過ぎだったが、得た金は有象無象からむしり取られて右から左へ消え、セミョーノフの手元には一銭も渡らなかったという。ポチャーギン少将は、ソ連政府からの抗議にもかかわらず、和解金をフランスにあるロシア白軍将兵のための救済団体「ミリタリー・ユニオン」に全額送金して決着をつけた。忠誠を尽くすべき本国政府を失い、自らも孤児同然の元駐在武官が、取り急ぎ果たすべき自分の責任として、白軍残党将兵とその家族の救済に思い至ったとすれば、誰もポチャーギンを責めることはできない。

ラティシェフの指摘のなかには、日本からロシア側に武器弾薬が契約通り納入されなかったのでは、との疑惑も含まれる。これと呼応したわけではないが、研究者の白鳥正明も「ロシア極東へ送られた軍需品の種類や数量、輸送手段を立証する原資料は出てきていない」との立場をとる。

確かに原資料は目につきにくいが、現存している。例えば、一九一八（大正七）年八月二七日付で派遣軍参謀長が本省の陸軍次官に打電した報告には、「セミョーノフ軍向けに、日本から運び入れた小銃のうち一部は交付を終わり、残る一万四〇〇〇丁はなお浦潮にて保管中」とある。

第三者の目撃証言については白鳥も認識している。一八（大正七）年九月に、シベリア鉄道沿線を調査した朝鮮銀行ウラジオストク支店の村岡二郎書記の報告には、同市郊外のフタラヤ・レーチカ駅付近に、「ケレンスキー内閣時代、我が泰平組合より輸入せる弾薬のケース堆積、山をなしたるまま放置せらるるもの数百ヶ所……」（多田井前掲書）とある。つまり、契約通り納入先に届けたくても、届けられない実態があったのは間違いない。輸送手段に致命的欠陥があったからだ。シベリア鉄道では十月革命前からストライキが頻発した。代替輸送に使える道路はない。

第一次大戦の講和後は、復員ロシア兵で満員の列車とチェコ軍団の列車が競うように東に向かい、逆に西へ向けては、帰国を許されたドイツやオーストリア捕虜の列車が急ぐ。単線の鉄路は超過密状態になった。内戦激化に伴い、軍事行動として線路爆破や走行妨害が続くと、ただでさえ低下していた輸送能力はとことんまで落ち込んだ。目的地へ予定の期日までに物資を配送するなど、まったく覚束なくなり、税関のあったウラジオストクには続々と滞貨が嵩んでいった。浦潮日報の山内封介も、ウラジオストクに客船で入港した際、「少し平坦な野原のようなところには、無数に天幕を張ったようなものが見え」たと、野晒しにされた各国からの軍需品の山について触れている。そこに日本からの軍需品だけが見当たらないとなれば、それはそれで必ず露見する話だ。

東京駐在のポチャーギン少将が、軍需品の購入に携わったのは、そうした環境下だった。兵器収納担当の立場で、当然、本国への輸送計画の立案に関わり、発送側である日本の軍部や民間企業とも折衝を重ねたに違いない。ミハイロヴィチ大公がニコライ二世の名代として来日したころは、まだシベリア特急が走っていた。それが、線路上の過密を緩和するために空荷の貨車の回送を諦め、荷卸先に打ち捨てるほどの絶望的な鉄道運行状況に陥ってはどうすることもできなかった。

四.「ローザノフの金塊」？

黒沢準大佐の満洲縦断・金塊秘密送作戦にひと月ほど先立つ二〇（大正九）年二月、少し前まで、オムスク政府の極東総督としてウラジオストクの最高権力者の座にあったセルゲイ・ローザノフ将軍（中将）は、妻、娘、女婿、甥らとともに日本の土を踏んでいた。一行はときに分かれて行動し、再び落ち合ったりしながら、東京を拠点に、大阪、奈良、神戸、箱根と、はた目には優雅な旅を続けた。将軍本人は東京滞在中、神田駿河台のニコライ堂で営まれたコルチャーク提督追悼ミサにも参列している。一行の警護責任は滞在県の警察を所管する知事が負った。見守り役の警察官から上がる彼らの動向は、各知事から外相、内相、陸相らに逐一報告された。なかには、大阪の心斎橋筋でカメラを購入した（兵庫県知事発　大正九年二月二五日付）といったものまで含まれる。

ローザノフ将軍は、オムスク政府の最高統裁官だったコルチャークが、とかく優柔不断との批判があったホルヴァート極東最高代官を事実上更迭して、一九一九年夏にウラジオストクに送り込んだ切り札的存在で、武断派として知られる軍人だった。

「ローザノフ将軍が極東総督として赴任し来〔きた〕って以来、極東の事情はホルヴァート時代に比して将〔まさ〕に一変した観がある。……赴任そうそう極東に於ける奸商〔悪徳商人〕征伐に其の辣腕を振い、暴利取締令を始め奸商退去令、家屋取締令、両替閉鎖令等を頻発し、最後に輸出入に対する極度の制限令を出し、浦潮倉庫内の滞貨処分令を発布し……」（大阪朝日新聞　大正八年一〇月一一日付）と、思い切った政策を次々に実行した。浦潮日報の山内封介も、ローザノフ登場後の一時期、「極東の政情は比較的安定し、一般住民もようやく安堵の胸をなで下した……」と受けとめている。

一方、現地日本海軍の極秘報告（一〇月八日付）には、ウラジオストク着任以来、連合国関係者に対する着任挨拶を二ヶ月も欠くなど礼節をわきまえず高飛車で、アメリカ軍やチェコ軍団関係者とたびたび摩擦を起こすような、芳しくない人物として描かれている。実像がどうであったにしろ、コルチャークという最大の後ろ盾を失ってしまえば、ローザノフの強権統治は空回りするしかなく、ウラジオストクの人心は瞬く間に離れていった。追い詰められて懐柔策にも出たが、時すでに遅かった。

ラティシェフによれば、一九二〇（大正九）年一月二九日、ローザノフは浦潮派遣軍の大井司令官と面会し、「コルチャーク軍支援のために国立銀行ウラジオストク支店地下室に保管していた金貨金塊」の日本移送を求めた。翌三〇日までに、金貨金塊は現地特務機関長井染祿郎大佐の指揮で、停泊中の巡洋艦「肥前」に積み込まれた。ローザノフ本人も日本軍軍服に身を包み同乗した、というのだが――。

日本の外務省電によれば、ローザノフが士官学校生徒の反乱情報に怯え、幕僚らを伴って「肥前」に一時逃げ込んだのは事実だが、そのままウラジオストクを去ったわけではない。日本行きには筑前丸を利用し、二月一〇日に広島県宇品港に着いている。日本滞在をともにする一族もこのとき同乗していたとみられるが、とりあえず広島からは別行動をとっている。外務省係官の聴取に対してローザノフは、「約六ヶ月に渡って安眠したことはなく、そのせいで一時は呆然となるなど、とにかく疲労困憊している。……いまや飛行船のように住むべき土地も定まらず、記者から今後の出方を訪ねられることが苦痛でしかたがない。まず居住問題を解決し、徐々に前進したい」（大正九年二月二三日付極秘電）などと心境を語った。

ラティシェフはまた、当時の日本の新聞報道に依拠して、ローザノフがウラジオストクから持ち出した金塊を売却して現金化し、個人口座を日本と上海の横浜正金銀行に開き、合わせて五五〇〇万円を預金していたと指摘している。

日本側の記録に当たると、まだ二月のうちに、ウラジオストクに登場した「新政権」が、国家資金横領の容疑でローザノフを召喚していたことがわかった。ただし、金貨金塊の話ではない。極東総督の立場でローザノフは、欠乏していた重要軍需品の綿布、食料品の購入費用を捻出する名目で、市内の倉庫に保管されていた滞貨の一斉徴発を行い、大量に見つかった綿花を、日本の日露実業会社に売り渡していた。その代金一〇〇万円を横浜正金銀行の口座に入金させ、横領した疑いがかけられたのだ。

綿花売買契約は、ローザノフ自身の権力が風前の灯になるなかで、駆け込み的に締結されている。その陰には案の定、日露実業社員を名乗るやり手ビジネスマン森武熊がいた。抜け目ない森はローザノフともあらかじめ関係を構築していた。ローザノフ一行の日本滞在中、森は東京の自宅を宿泊先として二ヶ月近くも提供したことがわかっている。

綿花を徴発された側のイギリス人事業主がロンドンの本国政府に訴えたので、外交上の火種になってはまずい、と派遣軍政治部は慌てた。日本がローザノフの〝犯罪〟を知りながら匿っているように見えかねないし、日本の実質的な国策企業が売却先なのも弱みだ。「新政権」から容疑者引き渡しの要求を受けた派遣軍政治部は、ローザノフ本人に綿花代金を返還させ、事態の鎮静化を急ごうとした。しかし、妥協点を探る形であってもまともに取り合うこと自体、「新政権」を承認したことになる、と外相が異議を挟んできた。「新政権」はトップこそエスエルだったが、主要ポストはボリシェヴィキに占められていたからだ。派遣軍政治部は「新政権」への公式対応を見送り、要求をあえて黙殺した。

帝政ロシアの金準備を源流とする金塊の流れは、一時コルチャークが驚くような量を握ったが、オムスク政府の崩壊前後に大きく動いた。一方、セミョーノフが大量の金塊を手にしていたのも事実で、満洲の邦銀支店を経由して、一九二〇年春から急き立てられるように換金を続けたことが明白になっている。「ペトロフの金塊」と「ポチャーギンの金塊」は、それぞれ日本で訴訟沙汰になったことから存在が公然化した。「カルムイコフの金塊」は、朝鮮銀行ウラジオストク支店経由で陸軍が売却したが、代金は債務者に戻されたことまで判明している。ところが、「ローザノフの金塊」、即ち「五五〇〇万円の預金」に化けたとされる分については、裏付けらしい裏付けがどうしても得られなかった。ローザノフの名義になっていたという預金五五〇〇万円がすべて金塊売却で賄われたとすれば、その量は四一トン以上に相当する。

「ローザノフの金塊」の日本流入を示す証拠として、ラティシェフと歴史作家グザーノフは、大蔵省造幣局の金地金受入量が二〇（大正九）年に急増した点を挙げている。確かに同年の受入量は戦前の最高記録となる一九〇トンに達している。しかし、金融実務家出身の多田井喜生や旧大蔵省出身の白鳥正明は、受入量急増の主たる要因を、日本の貿易黒字に求めている。アメリカが前年六月から金輸出を解禁した点を踏まえたものだ。もちろん、副次的な影響としてセミョーノフの集中豪雨的な金塊処分も見逃していない。大正九年の金の受入量急増だけから、「ローザノフの金塊」の存在を証明するのは無理がある。

仮に「ローザノフの金塊」なるものが実在し、それが国立銀行ウラジオストク支店の保管庫を経由したものだとすれば、では誰がどこから運び入れたのか。

チェコ軍団、あるいはセミョーノフ軍の所有物なら、無断持ち出しはいずれも強い反発を招くはずだが、その形跡はない。移動させても現金化しても、文句が出ないものだとすれば、やはりオムスク政府からの流れと考えざるを得ない。

白鳥正明は『横浜正金銀行史』の記述に注目した。それによると、一九一九年一〇月、横浜正金銀行と朝鮮銀行の両ウラジオストク支店が、ルーブル金貨を担保として、ロシア国立銀行ウラジオストク支店に資金を融通する契約を締結している。追加契約分も含めると融資の極度額は合わせて五〇〇〇万円で、うち二四七〇万円の融資が実行されていた。条件は次の通りだ。

①ロシア国立銀行ウラジオストク支店は金貨を担保として提供（質入れ）し、三ヶ月期日の手形を日本の両行宛てに振り出す。
②振り出された手形に日本の両行ウラジオストク支店は手形割引を行う。
③年利は七パーセント。手形は三ヶ月ごとに五回まで書き換え可能とする。
④担保の金貨はロシア国立銀行支店の費用負担で大阪造幣局に回送し、同所で保管する。

金貨輸送の一端は、不正確ながら日本で新聞報道もされ、敦賀に荷揚げされたことまで判明している（東京日日新聞　大正八年一一月三日付）。

二四七〇万円の融資で担保となったのは二六五八万ルーブル相当の金貨だった。それは確かに大阪に回送されていた。金貨は代金でなく担保だから、債務が条件通り完済されればロシア側に戻される。しかし、実際にはロシア側からの返済はなく、手形の書き換えも情勢上不可能だったので、金貨は「担保流れ」となって債権を持つ日本の二行に没収され、ロシア国立銀行ウラジオストク支店が振り出した為替手形の決済に充てられた。

融資契約極度額の約半分の融資が実行されたとして、残りはどうなったのか。

ローザノフが極東総督の権力を投げ出すわずか前、イルクーツクのボリシェヴィキに拘束され、査問を受けていたコルチャークは、「ウラジオストクには莫大な財源と資金があり、したがって外国の援助を常に仰ぐ必要はなかった」と供述している（グザーノフ前掲書）。日露三行のウラジオストク支店間で結ばれた契約で、極度額いっぱいまで融資を受ける方針だったオムスク政府が、あらかじめロシア国立銀行ウラジオストク支店に五〇〇〇万円相当の金貨を納入済みだったとしたら、ローザノフの逃亡時、同支店の金庫には、まだ担保に供されていない金貨約二五〇〇万円相当が眠っていたことになる。白鳥はこの金貨こそ「ローザノフの金塊」の正体かもしれないと疑問を投げかける。

異説もある。大蔵省ハルビン駐在の草間財務官は、加藤シベリア大使と面会した際、「金塊二五〇〇万円相当がセミョーノフのもとにあり、これは日露三行が結んだ融資契約で担保となるものの一部という説がある」と聞いた（大正九年一月二二日着暗号電）。立場上、確度の高い情報が集まる加藤の耳に、日露三行の融資契約がローザノフではなくセミョーノフと関連付けられて伝わっていたとすれば興味深いが、草間が続報を掴んだ気配はない。白鳥説・加藤説のどちらをとるにしても、二五〇〇万円相当の金塊の存在は確証が得られないままだ。

ローザノフ将軍一族は四月一九日、神戸を発って上海、コロンボを経由し、マルセイユに向かうフランス汽船アンドレ・ルボン号の客になったことが確認されている。オムスク政府極東総督の座を投げ出してからちょうど一年後、ローザノフ失踪のニュースが伝えられた。モスクワ政府は、世界各地に逃れた革命反対派を執拗に付け狙い、拉致、暗殺を繰り返したから、あるいはその犠牲になったのかもしれない。ラティシェフによれば、その時点で、ローザノフ名義の預金はまだ手つかずのまま日本に残されていた。

神戸出発後、一行の最初の経由地である上海には、横浜正金銀行支店があって、同行の預金証書があれば、苦もなく小切手にも外貨にも換えられたはずだが、その形跡はない。預金は最終的には日本政府に接収され、代金が未収となっていた兵器輸出業者への補償に充てられた、とラティシェフは結論づけている。

五．白軍敗走

北朝鮮東岸の元山といえば、一九五〇年代後半からの一時期、朝鮮総連による祖国帰還運動に応じた在日の人々が、新潟から帰国船で続々と送り込まれた港だ。現地に降り立った帰国者は、日本で聞いていた〝地上の楽園〟とは似ても似つかない、みすぼらしい佇《たたず》まいを目にし、騙されたと気づいた。送り出した家族もやがて、祖国に大事な肉親を人質として差し出したのだと知る。永遠の片道切符、終わりの見えない仕送り、上納金や賄賂の要求、帰国者に対する謂《いわ》れない差別——。当時、日本の国政政党は自民から共産まで、こぞって帰国運動を支持した。その罪深さは計り知れない。

多数の餓死者を出した金正日の大失政、「苦難の行軍」がようやく終わったかに見えた一九九九（平成一一）年、筆者は北朝鮮取材の第一歩をその元山に印した。貨客船万景峰九二号は入港日の未明、港外にいったん錨を降ろして待機する。まだ暗いデッキには、陸の方角を見つめて涙を流す親戚訪問のオモニたちが何人もいた。ふと目をやると街の背後の山が高層ビルで埋まっている。しかも、窓という窓が不夜城香港顔負けに煌々と輝いているではないか。予備知識との違いに愕然とした。とはいえ、自由行動が許されない監視員付きの取材だ。お仕着せのバスで、元山から平壌まで直通の高速道路をたどるしかないと諦めていた。ところが、椿事が起きた。水害で高速道路がやられて通れない。やむなくバスは元山市街を山側に大きく迂回するルートをとり、その〝高層ビル群〟の脇をすり抜けた。まさに脇だ。するとそこにビルなどはなく、あったのは点在するコンクリートの分厚い板だけだった。三、四階立てのビルの壁面に匹敵する巨大な板には窓に見立てた穴が開いており、そこに裸電球が固定されていた。遠くからなら高層ビル群に見えるわけだ。北朝鮮が劇場国家と呼ばれる理由が瞬時に呑み込めた。

いまや北朝鮮最大の貿易港元山に、かつて多くのロシア白軍残党が押し寄せた記憶は、当の北朝鮮にはもちろん、ロシアにも日本にも、もはやほとんど残っていない。その数は日本軍のシベリア撤兵が迫る一九二二（大正一一）年秋の段階で約二〇〇〇人。満洲への移住希望者が多く、旅費のない者には日本赤十字社や満鉄が援助を与えたので、一気に減る気配はあった。ところが、白軍のスタルク提督率いる二五隻の艦船がウラジオストクから約七〇〇〇人を乗せて、何の予告もなく突然元山に入港してきたため、日本の朝鮮総督府は対応に窮した。東京朝日新聞（大正一一年一二月一二日付）などによると、スタルク提督はまもなく、海軍軍人とその家族ら二〇〇〇人を一五隻に分乗させ、上海に去ったが、残された者たちが食糧補給に行き詰まるのは時間の問題だった。白軍上層部は軍団全体を、張作霖軍（吉林督軍）に売り込み、内蒙古や中東鉄道沿線に押し寄せる赤軍と対峙させようと画策したが、事はうまく運ばない――。

それにしても、なぜ元山だったのか。

満洲里で解散したセミョーノフ配下の武装勢力のなかで、軍団の一体性を維持したセミョーノフ軍の一部やカッペリ兵団などの将兵とその家族は、中東鉄道を経由してウラジオストク近郊のコサック村に送られた。その一群にペトロフ一家もいたことはすでに述べた。中国側の配慮だが、研究者の麻田雅文は、体のいい厄介払いと見ている。

「政争の街」の近くに白軍残党が大挙して移り住めば波風が立つ。資本家メルクーロフ率いる一派が、極東共和国の一地方府となっていたウラジオストクの沿海州政庁をクーデターで打倒したとき、軍事的支えとなったのはカッペリ兵団の残党だった。旅順で蟄居中だったセミョーノフは、白系政権の誕生を聞き、ただちに海路、同地に向かった。コルチャークから託されたシベリアの盟主としての地位を回復しようと狙ったのだが、日本軍の後押しはなく、政権首班のメルクーロフからも重ねて上陸を拒まれて、引き下がるしかなかった。そのメルクーロフ政権も日本軍の撤兵とともに瓦解した。

内戦の勝利を確実にしたウラジオストクのボリシェヴィキは、自分たちの支配を盤石にするため、後退戦に疲弊した白軍兵士の懐柔を急いだ。帰順すれば、赤い旗に敵対した過去は赦され、もとの職業人として平穏に暮らせる、と大宣伝を繰り返したが、それを字句通り信じる者は少なく、報復や迫害を恐れて、現地から逃げようとする白軍将兵や一般市民の数は膨れ上がった。ただ、外堀は埋められており、たどるべき陸路は見当たらなかった。海路を選ぶにしても大型船に身を委ねるしかないと悟る。ウラジオストクから大型船で乗り付けられる港として元山は最も近い。しかも朝鮮にあるため、合邦した日本の軍事力で治安が保たれている。彼らが大挙して雪崩れ込むのも道理だった。

朝鮮総督府は、元山に一般避難民の上陸は許したものの、白軍残党は武装解除のうえ船中で寝起きさせ、厳重な監視下に置いた。兵卒たちには厭戦気分が蔓延していたが、将官の間では、赤一色に染まりつつある祖国での挙兵反攻が、依然として密議されていたからだ。ようやく撤兵まで漕ぎ着けた日本政府にとって、新たな火種を抱えるのは迷惑千万だった。

以下、日本側の内通者が避難組の最高幹部のひとりである白軍のグレポフ中将から一問一答の形で聞き出した内容を朝鮮総督府の報告から抜粋する。

高警第三一八号　秘　朝鮮総督府警務局➡陸軍参謀本部

・露国白軍の銃器その他に関する件　　　大正一二年二月二日着

「問　今後の避難民の処置は？

答　一般方針は考慮中だが、とりあえず在元山陸軍正規軍を目下吉林にあるデイトリックス〔ヂチェリヒス〕将軍の麾下に集合させようとしている……

問　デ将軍麾下に集合の目的は？

答　明言しがたいが、レベデフ将軍以下、高級幹部の間で協議中だ。赤十字社代表ウサコヴィスキーの手を経てデ将軍の指令を待っている。要するに我らの取るべき道は人道のため、主義のためあくまで奮戦するのみ……

問　エルドラド号およびモングガイ号艦中に保管中の武器の処置はいかに？

答　日本官憲の了解のうえ、一定の場所に保管している
問　日本官憲が了解した真意はなにか？
答　断言しにくいが、元来、日本帝国と白軍とは主義上において等しきものがあり、個人的においても特殊の関係を有しているからだ。ことに現在、日本官憲の避難民に対する態度を見てもあきらかだ
問　集合場所はどこか？
答　琿春、吉林の二ヶ所……」

言葉を選んではいるが、反攻の意思は強固だ。

前記問答に名前が出てくる「デイトリックス将軍」とは、正しくはヂチェリヒスのことだ。日の出の勢いだったころのコルチャークから、王党派であることを見込まれたのか、オムスク政府内に皇帝御一家殺害事件調査委員会を組織するよう命じられた軍人だ。チェコ系ロシア人だったため、一時チェコ軍団の参謀長を務めた。コルチャーク、セミョーノフ両軍の潰走後も白軍の旗を下ろさず、満洲に逃れてからも、奉天にいたペトロフに上官として特命を与えるなど挙兵の機会を窺い続けた。ペトロフ一家の上海移住、フォト・スタジオ開業も、一足早く上海で地歩を固めていたヂチェリヒスの助力があったと思われる。

やがて朝鮮総督府は、挙兵目的の資金調達工作と思われる動きを察知する。そのころセミョーノフは長崎に滞在していた。

朝鮮総督府警務局➡内相、外相、陸相、海相ほか
・白軍挙兵　大正一二年三月二七日着
「……元山滞留露国避難民幹部グレポフ中将、レベデフ少将、秘書アガポフの三名は、セミョーノフ将軍のほか白軍幹部が日本の銀行に預けた金塊一五〇〇万ルーブル〔傍点引用者〕中の幾分かを、元山滞留避難民の生活費に充当すべく、この貰い受け運動のためと称し、三月一一日京城発長崎および東京に赴いたが、松田湾〔しょうでんわん、元山近く〕滞留避難軍人騎兵中佐ワシリー・ゲヌルゲウイチ・カザコフが前記三名の旅行目的に関して語るところによれば、一行三名は表向き避難民生活費調達を装っているが、真の目的は北満方面において、近く白軍再挙の戦略を抱き、実現に関して在長崎のセミョーノフ将軍、並びに東京方面に亡命中の白系幹部の了解を得、あらかじめセミョーノフ、およびサゾノフ等が我が銀行業者に預けているという金塊を取り出そうということだ……」。

「セミョーノフ将軍のほか白軍幹部が、日本の銀行に預けた金塊一五〇〇万ルーブル」とはいっ

たい何のことか。該当しそうなものは浮かばないが、チタの〝関所守〟として君臨したセミョーノフが、大量の金塊を保有していたことは、配下の誰しもが知っている。しかも軍解散後もかなりの量がセミョーノフの管理下にあるとの風説が、当時まだ信じられていた。

結局、元山に集結した白軍による挙兵は企みだけで終わっている。

六．その後のセミョーノフ……幻視のなかの蒙古統一

米騒動が全国で巻き起こる大正中期は、新聞業界にとっても波乱の季節だった。東京市内に本社を置く各新聞社の印刷工たちがスクラムを組み、賃上げと労働時間短縮を求めて、経営側と激しく対立したのは一九一九（大正八）年夏のことだ。一説によると、当時の新聞社の活版工員の賃金は、他の印刷関連業種と比べても押しなべて低く、労働時間は概ね一二時間から一四時間あったといわれる。

ストライキを構えた各社工員らの要求に対して、経営側がゼロ回答で応えたため、交渉は物別れに終わり、二六、報知、東京日日、東京毎日、東京毎夕、東京朝日、中外商業、中央、万朝、読売、やまと、国民、都、時事、帝国、大勢の各社は、八月一日からの休刊予告を掲載するところまで追い込まれた（大阪毎日新聞　大正八年八月二日付）。

結局、経営側がスト参加者の解雇をちらつかせて恫喝したので、工員側の足並みは乱れ、同盟罷業は突入寸前で回避される。各紙は同月四日の夕刊から発行を再開するが、まだラジオ放送もない時代、大正デモクラシーの風潮のなかでいっそう重きをなしていた唯一日刊のマスメディアが、轡《くつわ》を並べて争議の対象となってしまったことは、経営者はもちろん、政府関係者にも大きな衝撃を与えた。労働組合が主催して、日本初のメーデー集会を上野で開くのは翌二〇（大正九）年のことだ。

一九（大正八）年から翌年にかけて、大正日日新聞に山内封介の署名記事が何度か掲載されている。山内がウラジオストクを去るのは、日本の派遣軍の最後の部隊が沿海地方から引き揚げる二二（大正一一）年秋だから、浦潮日報に籍はあったはずだ。大正日日と浦潮日報との間に何らかの提携関係ができていたのか。

調べてみると、当時、ロシア語で取材ができる邦人ジャーナリストは極めて少なかったようで、主筆の和泉良之助を含めて、浦潮日報の記者たちは内地の新聞や通信社の求めに応じて、自由に記事を出稿していた。大正日日に載った山内の署名記事には別段特別なクレジットはない。社員記者同等の扱いだ。

大正日日という新聞社は、一九（大正八）年一一月に大阪・梅田で創刊され、わずか八ヶ月しか続かなかった。それでも、自由を謳う大正ジャーナリズムの典型であって、時代の申し子だったという評価がある。最大の出資者となった勝本忠兵衛は、第一次大戦中に多数輩出した鉄成金のひとり。社長に担がれた貴族院議員の男爵藤村義朗は、三井物産取締役を務めた国際派だった。元首相細川護熙の祖父護立《もりたつ》も大株主になった。集まった二〇〇万円という資本金の額が、それまで業界最高だった朝日の一五〇万円を上回ったため、「日本一の大新聞」を呼号した。

創刊のきっかけは、皮肉なことだが寺内内閣による露骨な言論弾圧、つまり前年の白虹事件だった。事件の火元となった大阪朝日では編集局長だった鳥居素川らが詰め腹を切らされた。鳥居の退社に失望した大物記者たちも相次ぎ同社を去って行った。鳥居が大正日日の実質トップである主筆兼専務に招かれると、筆を折っていた記者たちも鳥居のあとを追って再結集したほか、読売解雇組の青野李吉、報知にいた経済記者の鈴木茂三郎（戦後に日本社会党委員長）らが梁山泊のように次々と集まり、他の大手紙もうらやむ一流の取材執筆陣を形成した（木村愛二『読売新聞・歴史検証』）。しかも、豊富な予算に物を言わせて、ワシントンとロンドンに創刊時から特派員を置き、特電を打たせたというから、まずは順調な船出と思われた。

ところが、日ごろ仲の悪い大阪朝日と大阪毎日が大正日日潰しの一点で手を組み、徹底的に業務妨害に出たから堪らない。編集はともかく、大正日日は販売と広告部門がいかにも未熟だった。既存の新聞販売店に新規取り次ぎを頼む戦略は、両大手紙の締め付けで実現せず、広告受注もスポンサー筋に手を回されて思うに任せない。新聞輸送専用電車には積み込みを拒否され、四国行き連絡船の積載分は夜闇に乗じて連日のように海中に投棄された。そんな徹底した嫌がらせが続けば、収入計画など絵に描いた餅になる。自慢の資本金二〇〇万円は瞬く間に底をついていった。息の根が止まった大正日日新聞に、まもなく意外な買い手が現れる。破竹の勢いで全国に信者を増やしていた大本《おおもと》教団だった。買収額は五〇万円といわれる。

大本教は京都府綾部の寡婦、出口直《でぐちなお》に、明治二五年元日の晩、艮《うしとら》の金神《こんじん》が降りてきて、いわゆる神憑《かみがか》りとなったことに始まる。大酒飲みの夫が身上《しんしょう》をつぶし、直五一歳のときに他界すると、三男五女を抱えた直は「この世にまずない苦労」を重ねる。極貧の暮らしで長男、長女、次女は家出。三女の発狂をきっかけに、直は金光教に救いを求めた。金光教は岡山発祥の幕末三大新宗教のひとつで、直の神憑りは、長女までもが発狂した末に体験したトランス状態だった。直が告げる「神諭」は「御筆先」となり、大本教の教旨となるのだが、直ひとりが「神諭」を説いているうちは、単に「神憑り老婆」と見なされるだけで、新興宗教〝未満〟に過ぎなかった。大本教を大組織に育てたのは、直の五女スミの夫として出口家の籍に入った王仁三郎《おにさぶろう》だった。

よく知られているように大本教団は戦前、天皇制の禁忌に触れた廉《かど》で、警察当局から二度にわたって理不尽な弾圧を受けている。特に二度目の摘発は教団施設根こそぎの狂気じみた破壊を伴った。大正日日の買収当時、教団はまだ違法の嫌疑こそ受けていなかったものの、当局はその影響力の大きさを気にしはじめていた。入信者に陸海の高級軍人、教員、弁護士、ジャーナリスト、実業家、医師らインテリ層が多いのも不気味に見える。そこで牽制の意味だったのか、一、二の出版物を発禁処分にしたところ、大本は激しく反発した。新聞買収は大本の反撃の狼煙《のろし》といえた。大本教団が株主となった大正日日の復刊号は四八万部売れ、内務省をいっそう刺激した。

一九二四（大正一三）年二月一三日の早朝、かねて蒙古入りを熱望していた王仁三郎は、人目を避けて綾部の家を出た。当時の教団は、不敬罪と新聞紙法違反に問われていた。いわゆる第一次弾圧である。王仁三郎自身、いまでいう仮出所の身で、保護観察の条件を破れば再収監は免れない。従者は合気道の創始者植芝盛平ら三人に絞った。「不思議な月と星の動き」に導かれての出発、と教団内には伝わる。実際には、陸海軍の現役である高級軍人の信者や、玄洋社系の肇国会《ちょうこくかい》関係者の助力を得て、周到に準備された渡航だった。肇国会は、満蒙とシベリアに跨る広大な地域に、諸民族協和の新国家を打ち建てようと活動していた。

日本と蒙古の宗教人の接近は、大正初期から始まるようだが、中国の宗教状況に関心を向けていた王仁三郎の視野に、蒙古も自然に入ってきたと思われる。

王仁三郎から見ると、蒙古は東アジアの火薬庫だった。近代に入り中国とロシアの間で翻弄され続けた蒙古は、内蒙（現中国・内モンゴル自治区）と外蒙（現モンゴル国）に分断を余儀なくされていた。ラマ僧の権威は強く、教えが絶対化されるため、人々は迷信と不衛生に苦しんでいる。新しい宗教をもって、蒙古に一大救国運動を起こせば、現地の民は悲しい境遇から脱し、ひいては東亜の安定、世界平和に繋がる——。王仁三郎はそう考え、内蒙の乾いた土を踏んだ。

張作霖は当初、王仁三郎らの行動に理解を示したが、行く先々で注目の的になる一行を途中から危険視して排除に動いた。生きて蒙古を出られないと悟った王仁三郎は辞世の句まで詠んだが、九死に一生を得て国外退去処分になる。一行の蒙古行脚は、安彦良和の劇画『虹色のトロツキー』に描かれた場面が印象深い。仲間とともに張作霖配下の部隊に拘束され銃殺される寸前、鄭家屯の日本領事館から助命嘆願が届き、間一髪、発砲号令が回避されたという小説まがいの逸話は、教団内で「パインタラの法難」としていまも語り継がれている。


さて、シベリア出兵の期間にも、間断なく政治家や高級軍人らと交流していた王仁三郎が、セミョーノフの名を心に留めても、いぶかるにはあたらない。帝政ロシアのザバイカル・コサック軍少尉に任官したセミョーノフが、ウルガ在任の間に、モンゴル語ができる強みを自覚したことはすでに述べた。欧州戦線で戦った体験も、アジア人意識をいっそう強めた。ブリヤート・モンゴルの血を受けたことにこだわるセミョーノフは、自軍がオムスク政府軍の編制の一端に組み込まれたあと、最高総司令官のコルチャークから何度命じられても、麾下の部隊を遠い西の戦場には送らなかった。

セミョーノフは、一九一九（大正八）年春にチタで開かれた「大モンゴル国」臨時政府首班指名の大会に内外蒙古各地の代表らとともに出席し、蒙古統一運動への関わりを公然化させた。大会では首班に内蒙の活仏（高僧の生まれ変わり）を担ぎ出した。鉄道利権を餌に、アメリカから資本導入を画策しているとの情報も流れた。日本政府の目に、そんなセミョーノフの動きは迷惑千万に映った。内蒙の領有に神経質になっている中国をいたずらに刺激したくなかったからだ。原内閣は、日本として蒙古統一の動きに一切関与しないと、閣議決定までして潔白を証明しなければならなかった。

セミョーノフ軍の原型である特別満洲里支隊のなかには、かなりの数のモンゴル人が含まれていた。彼らは蒙古統一を目指すモンゴル人武装勢力の雄バボージャブの配下だったが、指揮官の戦死によって行き場を失っていた。

「おそらくバボージャブ敗残兵とセミョーノフとをむすびつけたのは、〔あらかじめバボージャブ軍に参加していた〕日本の『大陸浪人』であったろう」と推論するのは研究者の中見立夫だ。中国勢力に対するバボージャブの決起（満蒙独立運動）には、日本の大陸浪人川島浪速らが深く関わっていた。川島は、義兄弟を契った開明派の清朝王族、粛親王から第一四王女を託されて日本で養育した。養女は長じてバボージャブの遺児に一時嫁ぐのだが、それがのちに〝東洋のマタハリ〟と呼ばれる川島芳子である。モンゴル人の遊牧地だったハイラルや満洲里は、そのころ日本の大陸浪人たちの活動拠点になっていた。大陸浪人は、王仁三郎が蒙古に渡った際にも、灯火に集まる蛾のように群がってきた。

セミョーノフ自身はその後、満蒙独立運動の前面に出なくなるが、周辺からはキナ臭い動きが消えなかった。セミョーノフ軍の一角をずっと担ってきたドイツ系のウンゲルン男爵が、二〇(大正九)年末、部隊を率いて外蒙に攻め入り、現地に進出中の中国勢力を駆逐する事態を引き起こした。のちの二七(昭和二)年六月には、セミョーノフの助力を求め、長崎の自宅まで訪ねてきた自称「蒙古独立軍総司令」のモンゴル人、萬起凱と面会し、挙兵の訴えを聴いている。萬起凱は、セミョーノフが「大モンゴル国」臨時政府樹立に手を染めた際の同志だった。

王仁三郎が主導して創設した世界宗教連合会の発起人には、田中義一、頭山満(玄洋社)、内田良平(黒龍会)らと並んで、セミョーノフが名を連ねている。発会式は一九二五(大正一四)年五月に北京で開かれ、悟善社、道教、仏教、イスラム教、キリスト教の関係者が集った。受け皿となった中国・悟善社はある種の慈善団体で、入会する者は、前記四宗派に儒教を加えた世界五大教義のいずれを信奉しても構わない。会員は自己修身と衆生済度(悟りをひらくこと)に励めば救われると説いた。万教同根的思想は大本教の教えに極めて近かった。

北京での発会式にセミョーノフが列席したかどうかは確認できなかった。ただし、セミョーノフはその後、京都・亀山の大本教本部を訪ねている。王仁三郎と会えていれば、その場で蒙古統一が話題に上らないはずはなかろう。

第五章——地下水脈

一．田中義一の軍事機密費着服疑惑

オムスク政府の管理下にあった約五〇〇トンの金塊は、内戦の戦費と国家としての一般財源につぎ込まれて次第に目減りした。赤軍と対峙する前線が同政府の西にあたった関係で、目減り分は即ち東送分と考えていいが、使途や送達先の全容は未解明だった。また、同政府崩壊時に三〇〇トン以上が残っていたのも確実だ。見えなくなった金塊の流れ——地下水脈とされるものに関して、同時代のジャーナリストたちはあれこれ情報を集めて、何人かのロシア白軍将官の手に落ちたと報道した。後世の研究者たちはそれを踏まえ、さらに追求を進めて持論を展開してきた。本書ではここまで、証拠主義の立場からそれら言説のひとつひとつを検証してきた。ただし、日本軍による組織的関与の有無や、チェコ軍団のイルクーツクでの立ち回りなど、総決算に向けて積み残してはおけない論点がまだいくつか残っている。

小渕内閣で一九九八（平成一〇）年から翌年にかけて官房長官を務めた野中広務が、政界引退後に当時を振り返り、「毎月五〇〇〇万円から七〇〇〇万円くらいは官房機密費を使っていた」と率直に打ち明けたので、世間は額の大きさに驚いた。野中の下で官房副長官だった鈴木宗男も、のちに同趣旨の話を漏らしているから確かだろう。官房機密費とは、政権維持のための工作を裏仕事とする官房長官が自由裁量で使える金で、使途は会計検査院のチェックに服さない。ジャーナリストの魚住昭によれば、官房機密費は二〇一六（平成二八）年当時で表向き年間約一四億円。うち二億円ほどは、ある種の諜報機関である内閣情報調査室の活動に割かれていた。ただ、外務省の外交機密費からも毎年度約二〇億円を回してもらうシステムができているので、実質は三十数億円あったという。

国の予算の使い道が、タックス・ペイヤーである国民に公開され、国民の代表が集まる国会のチェックに付されるのは議会主義の基本だ。その例外として機密費を認める考え方は旧憲法下からすでにあった。官房機密費にあたるものが戦前は内閣書記官長に預けられていた。さらにそれとは別にあったのが軍事機密費だ。陸軍の軍事機密費は毎年度陸軍省予算から括り出され、東京陸軍経理部が日銀から受け取るが、大臣官房の金庫に納まってしまえば、官房機密費同様に、自由裁量で使えた。

原内閣で陸相を務めた田中義一は政界転身を志し、二五（大正一四）年に高橋是清の後を受けて政友会総裁に迎えられる際、三〇〇万円を党への持参金にした。それが軍事機密費流用の疑惑を呼んだ。

疑惑に火をつけたのは三瓶俊治という男で、二六（大正一五）年三月、小山松吉検事総長宛てに告発状を提出した。陸相当時の田中、その次官で田中のあとを襲った山梨半造、軍務局長だった菅野尚一、それに高級副官を務めた松木直亮の四人が共謀し、軍事機密費八〇〇万円以上を横領したというのだ。三瓶は二〇（大正九）年八月に第一師団経理部から転出し、一九二二（大正一一）年九月に官職を免じられるまで、陸軍省大臣官房付二等主計（下士官同等）の任にあった。

三瓶によると、大臣官房着任直後の金庫内には、総額八〇〇万円を下らない定期預金証書があった。証書の名義人は田中らで、預金先は日本興業銀行など五行に分かれ、一口二〇万円から八〇万円の定期預金証書が、あわせて一七、八枚ほどあった。これらの定期預金は、時間をかけて無記名国庫公債に換えられた。やり方は慎重で、二〇（大正九）年末から日銀など複数の取扱銀行で少しずつ目立たないよう買い増した。三瓶と同僚の主計がその実務を任されたという。

田中が政友会の持参金にした三〇〇万円の出所ははっきりしていた。神戸の高利貸、乾《いぬい》新兵衛に人を介して借りたのだ。「田中は早晩自分の内閣を組織する男だ」と踏んだ乾の先物買い説もあったが、裸一貫から叩き上げた乾は、無担保では絶対金を貸さないといわれていた。取材者に問われた乾が、「公債を差し入れてもらっている」と口にしたらしく、こんどは「三〇〇万円の担保に見合う公債がどうして田中の手元にあったのか」という話になった。長州の貧乏侍の倅《せがれ》に生まれ、職業軍人で通してきた田中に、多額の公債を買う資力があったとは思えない。三瓶の告発は、その疑問に対する合理的な解答に思われた。

シベリア出兵期の陸軍軍事機密費は、主に出先の特務機関に注ぎ込まれた。もちろん、通常予算は別に張り付けられている。その効果か、当時の日本の対露情報収集能力は、世界屈指のレベルを保った。機密費の恩恵に与った特務機関員や機関と密接だった者の多くは、荒木貞夫、五味為吉、高柳保太郎、石坂善次郎、黒沢準、井染祿郎、黒木親慶のように、ロシア駐在武官、あるいは観戦武官の経験者であり、その意味では田中義一の後輩たちだった。

公表されている出兵期の軍事機密費の推移は、松本清張によると大正七年が七七〇万円、八年一〇六二万円、九年二八〇万円、一〇年二六〇万円、一一年三五万円と、振れ幅が大きい。一見して大正七、八年の膨張がわかるが、これにはセミョーノフ援助費三三万円、カルムイコフ援助費一一万円が含まれる。友軍への支援費用とはいっても、内戦への干渉は出兵本来の目的ではないから、堂々と国会を通せるものばかりではない。それが軍事機密費なら思うままに使えた。

一方で、軍事機密費から特務機関への援助があった期間は意外にも短く、大正八年三月から翌九年の一月までだ、と松本は指摘する。区切りが中途半端だが、機密費を含む当時の軍事予算の執行は三ヶ月単位で、しかも会計年度の当初から始まっていないのは確かだ。ともかく、特務機関への援助が八年に始まり、九年に終わっていたとすれば、大正七年の七七〇万円と大正一〇年の二六〇万円、丸めると約一〇〇〇万円の軍事機密費は何に費消されたか。三瓶が大臣官房の金庫のなかで見たという八〇〇万円の正体はこれだったのか。一〇〇〇万円といえば、一俵当たりの米価を基準にして現在の価値に置き換えると実に一五〇億円もの巨費だ。それに比べれば、野中広務が毎月使ったという「五〇〇〇万円から七〇〇〇万円」など、芥子粒《けし》のようなものだ。

シベリア出兵という特殊な期間、軍事機密費の使い道として他に何が考えられるか。

まず、出先師団への配分がある。浦潮派遣軍の大井司令官がまだ第一二師団長だったころ、田中陸相宛てに提出した大正七年一一月から三ヶ月間の受払報告が残っている（大正八年二月一〇日付）。それによれば、第一二師団が使った額は六〇二五円。年末年始にかかり、特に出費が嵩む時期だ。具体的には、カルムイコフ兵団への慰問品、米軍へのクリスマス祝い、地元公官吏との会食、情報提供者への謝礼、演芸会・音楽会・廃兵院・孤児救済・中学校への寄付、鉄道駅長・運転士・列車ボーイへの心づけなど。費目から見る限り、駐兵継続上、必要最小限の潤滑油として出費されていたことが判る。

支出の年間最需要期とみられる三ヶ月でさえ、一個師団全体で使われたのは六〇〇〇円ほどだ。シベリアの派遣軍は、最大動員時で四個師団にまで膨らんだが、そうだとしても一〇〇〇万円の使途としては到底釣り合わない。

世論対策として新聞、出版界に渡り、あるいは国会対策として議員に回った機密費があったとしても、目立つようではかえって逆効果だ。額など知れたものだったろう。

田中らを告発する動きは国会にも波及した。一九二六（大正一五）年三月四日、第五一回帝国議会衆議院本会議で三瓶が書いたとされる「不正事件の内容調書」を読み上げ、政友会総裁田中義一の〝犯罪〟を徹底糾弾して、政友会党員、軍関係者の度肝を抜いた若手議員がいた。憲政会の中野正剛だ。

福岡出身の中野は、東京朝日などの記者を経て、三五歳の若さで政界入りした。松本清張は中野について、「一匹狼的な気概と山犬のような咬みつき方で知られ……早稲田伝統の自由思想と福岡の頭山満派の国士風なものが加わった一種の反抗児」（『昭和史発掘　一』）と見なしている。

のちにファシズムに傾倒し、第二次大戦中は大政翼賛会に反対する立場から首相だった東條英機と対立、いわゆる国策捜査で憲兵隊に拘引され、国会開会で一時帰宅を許された際に割腹自殺して果てた。その最期は、獰猛なほどの反骨精神で鳴る中野らしくないので、不可解に思う向きは多い。出征中の身内の安全と引き換えに、自害は強制されたものだったとの説がある。いや、早期講和内閣実現に向けて工作中だったことから、加担者に累が及ばないよう自らの口を自らで塞いだとの解釈もあった。

三瓶の告発を国会で取り上げた当時の中野は、シベリア出兵に強く反対し、モスクワ政府の早期承認を訴えて怯《ひる》まなかった。

本会議の檀上で中野は、三瓶の告発に触れる前段、独自に入手したという資料を別に紹介している。それが石光真臣中将の「田中糾弾文書」だ。石光（元憲兵司令官）や立花小太郎大将（第三代浦潮派遣軍司令官）、大井成元大将（第二代浦潮派遣軍司令官）、町田経宇大将（元薩哈嗹州派遣軍司令官）らは、田中、山梨、宇垣（当時の陸相）ら陸軍主流派の軍政に反発する退役組を中心に恢弘会《かいこうかい》を組織していた。「田中糾弾文書」は恢弘会による宣戦布告文と言ってよい。それを真っ先に暴露した中野の意図は、田中と繋がる陸軍主流派の腐敗には著名な将軍の多くも憤っている、と強く印象付けて、無名の三瓶の告発に信憑性を与えることだった。

三瓶は公金に手を付けて免官になった人物だが、根は小心者だ。その三瓶を説き伏せて、告発するよう焚きつけたのも実は恢弘会だった。中野の田中攻撃と三瓶の告発は世間の耳目を集めたが、政友会と陸軍主流派も黙っていない。対決姿勢を鮮明にした。検察に出頭して調べに応じていた三瓶に、陸軍主流派の意を汲む右翼や政友会の院外団らが付きまとい執拗に威圧を続けたので、怯えた三瓶は居所を転々と変えた。五月一四日、東京ステーション・ホテルに姿を見せた三瓶は、追いかけてきた新聞記者たちを前に、懺悔録を発表した。自分の告発で名士諸賢に甚大な迷惑をかけたと謝罪したのだが、告発そのものは取り下げず、「司直の裁判を信頼するしかない」と、複雑な心境を覗かせた。

もし告発が、根も葉もない言いがかりであれば、田中や山梨は自らの名誉を守るため、三瓶を逆に誣告罪《ぶこく》で訴えることもできた。そうしなかったのは、何か明るみに出てはまずい裏事情があったのか——。ともあれ、三瓶は狭まる壮士らの包囲網に音を上げ、ついには親戚が住職を務める東京・池上の本門寺に逃げ込んで、以後騒動の表舞台から消えた。訴えを門前払いしなかった検察は、それでも粛々と水面下の調べを続けた。

昭和元年は一九二六年一二月二五日から三一日までの七日間しかない。中野の爆弾発言から約一年後の昭和二年二月、すでに述べたように、田中と山梨のロシア金塊横領疑惑は、国会で「カルムイコフの金塊」の行方を追及した清瀬一郎によって蒸し返される。清瀬は檀上で発言中、政友会議員数人から、首を絞める、頭部を乱打するなどの激しい暴行を受け、議長の休憩宣言に救われた。数時間ののち再開された本会議で、包帯姿の清瀬が登壇しようとすると、また暴力沙汰が始まり、発言は阻止された。清瀬を襲った政友会議員九人は暴行や傷害の罪に問われたが、明らかに口封じを狙った確信犯だった。当日は議会会期の最終日で、清瀬はついに再登壇の機会を奪われた。

余談だが、戦後の一九六〇（昭和三五）年五月、日米安保条約改定を巡り大荒れとなった国会の衆議院議長席に清瀬の姿があった。国会内への警官隊導入を議長として決断したとき、清瀬の脳裏に自らが暴力にねじ伏せられた過去の記憶がよぎっていたに違いない。

二・歩兵第五九連隊の金塊と「宇都宮の怪火」

栃木の県道一号線は、ＪＲ宇都宮駅西口から官公庁のある市の中心部に向けて、ほぼまっすぐ伸びている。駅を背にしてすぐ渡る「宮の橋」は、日光を水源とする利根川水系の一級河川、田川に架かっていた。餃子店の看板がわずかに宇都宮らしさを醸す以外、どこといって特徴のない地方都市の駅前風景だが、トラック輸送が未発達な時代、水運が利用でき、鉄道駅も近い「宮の橋」近辺は、運送業を営むには格好の立地だったろう。

大正期の宇都宮運送取扱業組合には六軒が加盟しており、そのなかに菊池運送店の名があった（大林高士『ロマノフ王朝金塊　第5弾』）。

田中義一の不正を告発した三瓶俊治は、同時に「覚書」と称する補足メモを検察当局に提出していた。それには、「告発できるほどの突き詰めた説明はできないが、田中には軍事機密費横領とは別の疑惑もあるので、ぜひ深く調べてほしい」という趣旨が綴られていた。

「シベリア出兵中、ロシアで一〇〇〇万ルーブル相当の金塊が行方不明になっている。当時陸軍の出先機関が白軍から預かったものだ」というのだ。菊池運送店の名前は、三瓶の覚書に以下のように出てくる。

「第一四師団付露語通訳官松井某によれば、金塊は露軍兵舎内にあった砂金を分捕り〔傍点引用者」、一部を溶かしたものだが、大部分は砂金のまま麻袋に入れ、五万ルーブルずつ木箱に詰めて、第一四師団帰還時に宇都宮に持ち帰った。見張りをつけて、駅前の菊池運送店倉庫に保管したものの、それが市民の噂となり、軍が菊池運送店に放火、その混乱に乗じて、金塊を運び出した……」。

一主計に過ぎなかった三瓶が、ここまで深い事情を知っているのは不自然だ。松本清張は、恢弘会のなかで三瓶の保護役を任された退役大佐小山秋作が覚書を書いたと指摘している。

信用性が低ければ、覚書は単なる怪文書の域を出ない。小山は越後長岡藩医の子に生まれ、日露戦争時に作戦参謀や奉天の軍政官を務め、参謀本部入り後は中国研究に携わった。神戸女学院大名誉教授の内田樹は、小山について、「軍功は全て部下にやり、失敗の責任は全て自分がとる」日本型リーダーの典型と称えている（『日経トレンディネット〜対談・後編』）。そうした人物であれば、初めから騙す意図を持って三瓶に根拠の薄い話を吹き込み、告発者として批判勢力の矢面に立たせて利用するとも思えない。覚書を小山が執筆したかどうかは別にして、そこには恢弘会を挙げて集めた情報が含まれ、小山自身も確信を持っていたのではないか。

ジャーナリストの大林高士は、第一四師団にまつわるロシア金塊持ち帰り疑惑の解明に、並々ならぬ執念を燃やした。取材は未完で終わったが、大林は他界するまで草稿ともいうべきメモを未校正のままネット上に公開し、広く関連情報を集めていた。

大林によれば、シベリア出兵時に第一四師団第五九連隊第二中隊長だった山沢寿三郎大尉が、「その後、〔金塊は〕第一四師団の生沼参謀長宅へ運び込まれ、また火災を起こした」と手記に書き残している。三瓶の覚書と山沢手記がひとつながりのストーリーを構成しているのは明らかだ。

第一四師団は一九一九（大正八）年三月にシベリアへの動員令を受け、第一二師団と交代した。一万二〇〇〇名が一年九ヶ月間、現地で軍事行動を展開し、六六〇名の戦死・戦病死者、三三〇名の戦傷者を出している。なかでも、隷下にあった水戸歩兵第二連隊第三大隊を尼港事件で全滅させており、国民的な同情の的になっていた。その師団の名が、こんどは恥ずべき疑惑の対象として取り沙汰されることになった。

三瓶、山沢ふたりの証言に突き動かされ、大林は宇都宮を歩いている。サンフランシスコにペトロフ将軍の息子セルゲイを訪ねた直後と思われるから、かれこれ四半世紀以上の時間が経過しているが――。

菊池運送店は、とうになかった。大林は「宮の橋」付近の聞き込みから、苦労して運送店経営者の名前を突き止め、それを手がかりに係累となる人物を探した。子息が存命とわかって訪ねたが、事実上の取材拒否に遭う。大正一〇年代の生まれの人で、体調も悪く見え、「ノーコメントだ、そう書いておけ」とけんもほろろだった。それでも、五分ほど立ち話はできた。「そりゃ、当時運送店だから軍の物資を輸送したりしていたさ……」、その程度は聞き出せた。場数を踏んできたベテラン取材者として大林は、「●●氏が、金塊のことについても知っておられるという感触を得た」。

山沢第二中隊長の手記でも、金塊は白軍から「分捕った」ものとされている。関わったのは、「第五九連隊の第一中隊〔指宿秀蔵中隊長〕で、ひとつは黒竜江のローザノフ将軍の分、もうひとつは沿海州のカルムイコフ軍の兵舎にあった分である」。山沢は指宿と同じ連隊の中隊長同士だから、事情に通じていてもおかしくはない。しかも、極東総督就任前のローザノフには黒竜江（アムール州）での活動歴がある。また、第一中隊を含む歩兵第五九連隊の主力はカルムイコフ兵団の根城であるハバロフスクで本隊から分かれ、アムール州の守備についていた時期があるので、まったくあり得ない話ともいえない。

金塊がシベリアで第五九連隊のもとにあったことを覗《うかが》わせる証言を、もうひとつ大林は探し出している。同連隊の古谷朔郎が書き残した手記、「シベリア出征の想い出」（『栄光の五十九連隊』所収）だ。それによると、「ハバロフスク撤退前の旅団司令部〔傍点引用者〕には、当時爆薬箱一杯（約五〇万円相当の砂金）の、二人の兵隊で持ち上げられない程の金塊があった」。

一般に師団は複数の旅団によって構成され、旅団は兵科の違う種々の連隊から成り立つ。歩兵第五九連隊（宇都宮）はシベリアではハバロフスク駐箚の第二七旅団（水戸）の隷下にあり、連隊主力はアムール州守備のあと、ザバイカル州に転戦し、撤退前に再び本隊に合流した。ただ、第一中隊だけが、ひと足早く旅団指令部のあるハバロフスクに呼び戻されている。どうやら、この連隊が金塊と関わりを持っていたのは間違いなさそうだ。「分捕り」は組織上の下命だったのか、それとも、なにか別のからくりがあったのか。

当時の第一四師団長は白水淡《しろうずあわし》中将だった。尼港事件の前哨戦として、パルチザンと守備隊の小競り合いが続くなか、「流血が起らない限り、日本軍は権力の移譲に反対しない」と現地部隊に訓電した隠忍自重の人だ。一方では、完全撤兵の大方針が示されたあとも駐兵に未練を残す派遣軍司令部を突き上げて、撤兵の加速を実現させるような胆力も持ち合わせていた。山沢手記は、「誠に磊落な典型的人物で、この金塊事件は更に知らなかったようで……」、と無関係説をとる。

では連隊長はどうか。シベリア出兵時に第五九連隊を指揮したのは松尾伝蔵大佐だ。松尾はのちの二・二六事件で反乱軍に射殺されている。当時の岡田啓介首相の妹婿だった松尾は、その縁で首相秘書官を務めていた。容姿が似ていた岡田に見間違えられたのだ。岡田の命拾いの逸話は有名だが、松尾自身に関して語られることはあまりない。ちなみに松尾が長女を嫁がせたのは、戦後その筋からKGBの大物スリーパーと見なされながら中曽根政権のブレーンにまで上り詰める瀬島龍三参謀だった。

松尾が第五九連隊長に着任したのは、同師団がシベリアに出動する直前だった。それまで連隊長だった生沼昭次大佐は同師団の参謀長に昇任している。すなわち、帰還時の参謀長、宇都宮の自宅から火を出した参謀長、その人だ。金塊の「入」と「出」が生沼に繋がった。山沢手記は、「全部生沼参謀長が陸軍本省との間を取り仕切ったようである」と推測している。

大林は、当時から地元の有力紙だった下野《しもつけ》新聞を調べたが、菊池運送店の火災記事になかなかたどり着けない。記事の掲載は見送れ、と非公式な形で新聞上層部に圧力がかかったか。地元紙にとって、第一四師団は日常の有力なニュース・ソースだから、関係がこじれるのは痛い。

逆に生沼参謀長宅の火災記事は、何本も出てきた。「噂から噂が……生沼参謀長邸の出火」などと、見出しからして扇情的だ。菊池運送店の件で黙らされた分、新聞が意趣返しに出たのか。それとも金塊がすでに宇都宮からどこかに移されたあとなので、好きに書かせたのか。記事本文も、「火薬が爆発して、大音響がして」とか、「警察へも、憲兵へも届け出がなく、検分したる人もいないということで一層の疑惑の念を……」などと穏やかではない。宇都宮憲兵隊長にわざわざ取材して、「シベリアから捕獲品や何かを密かに持ち来たれりと云う事は、わが軍隊の厳禁するところにて……」と言わせているのも当て付けがましい。「生沼参謀長宅の出火問題においては、奇怪なる憶測を呈するものもあり、ことに凱旋後間もなき事柄だと、その事実を鮮明にしない事によって、ますます疑心暗鬼を生ぜしめ、徒らに猜疑の事件になりし……」。

新聞記事の行間から大林は確信する。土地の人々の間で密かに語り継がれてきた「通称『宇都宮の怪火』といわれるものは、やはり菊池運送店、生沼参謀長宅二件の火事を指す」と。

三、未届け〝戦利品〟の行方

宇都宮の怪火二件の発生順については異説がある。

第一の火災が生沼参謀長宅で、ここにははじめから金塊はなく、放火の目的は物置に入れていた関係書類の隠滅だった。生沼は意図的に門戸を閉ざし消火作業を遅らせた。金塊を隠していた菊池運送店倉庫は第二の火災現場で、火をつけた狙いはもちろんその密かな移送にあったが、重すぎて首尾よくゆかず、結果的に関東大震災のドサクサに紛れて東京方面に運び去った（川上親孝『問題の田中山梨両大将に絡る奇怪な機密費　第一巻』）。

この説でいけば、生沼参謀長宅の第一火災で不穏な噂が流れたので、菊池運送店の第二火災では報道を封止するよう師団として手を打った、ということになる。下野新聞に記事が見当たらない謎も解ける。

第一四師団にはもうひとつ、興味をそそられる話がある。一九二二（大正一一）年九月から一年半弱、師団参謀長に井染祿郎が就いている。井染はウラジオストク特務機関長時代、「ローザノフの金塊」で名前が取り沙汰され、チタ特務機関を黒沢準大佐から引き継いだあとは、「ペトロフの金塊」の預かり役、処分役となった。そんな曰く付きの人物が、「宇都宮の怪火」とは時期は重ならないにしろ、よりによって疑惑の師団の疑惑のポストに着任したとなれば、何か裏があるのではないか、と勘繰りたくもなる。

実際、ラティシェフはその著書で、井染の金塊を巡る前記の〝汚れ仕事〟と内地復員後の栄達の関連に言及している。ラティシェフが憶測するように、井染がもし、その後始末も含めてロシア金塊を日本に吸引するエキスパートだったとしたら、話は確かに面白くなる。ただ、冷静に考えてみれば、井染が予知能力者よろしく、ウラジオストクでローザノフの没落を待ち構え、あるいは、満洲里でセミョーノフ軍の解散やペトロフの到着を待ち受けていたはずもない。つまり、その時、その地で、誰が特務機関長であっても井染同様に対応し、結果的に同じ疑惑を招いた可能性は高い。第一四師団参謀長ポストは佐官級人事だ。そこに誰が座るかを決めるのは、専ら陸軍省補任課の職掌になる。当時から、全軍に占めるキャリア軍人の比率は極めて低く、したがって、その人事ローテーションはとかく機械的との批判があった。シベリアからの復員後、歩兵第三七連隊長（大阪）を経由した井染の宇都宮赴任も無難な年功序列、順送りの範囲ではなかったか。

それにしても、シベリアの金塊が宇都宮に入り、陸軍中枢の懐に不正に流れたという疑惑の筋書きには泣き所がある。

まず「入」についてだ。ローザノフとカルムイコフから「分捕った」と山沢はいうが、ローザノフは日本政府が正式承認していたオムスク政府の軍人であり、カルムイコフのコサック兵団もセミョーノフ軍の支隊に位置づけられている友軍だ。山沢証言通り、金塊を「分捕った」として、ではなぜ、両友軍と日本軍との間に何ら波風が立たなかったか。まさか、両友軍が揃いも揃って、「分捕られた」ことに気づかなかった、とでもいうのか。常に軍資金に飢えている戦闘集団が、そんなに鷹揚に構えていられるわけがない。

友軍からの分捕り説に比べれば、一時的に預かった金塊を返し渋った末、違約して日本に持ち帰り、組織的に横領したという〈保管受託－横領〉説のほうが、よほど筋が良い。しかし、この説を採るにしても、違約された組織、またはその関係者から抗議や返還要求がないのは妙だし、なにより、特定の部隊が、別の場所で、別系統の白軍から、同じように金塊保管を頼まれ、搬出に煩わされるという〝都合のいい偶然〟にも、合理的説明をつけねばならない。

「出」についても論理の飛躍がある。ハバロフスクの第二七旅団司令部でシベリア撤退前まで保管されていた金塊（古谷朔郎証言）を、第五九連隊が浦潮派遣軍司令部に戦利品として申告した記録はないから、宇都宮に秘密裏に持ち帰った蓋然性は高い。そう仮定すると菊池運送店、あるいは生沼参謀長宅、そして宇都宮以外の第三の保管地へと移された金塊は、そこで処分の機会を待つことになる。それから先について、三瓶の覚書には、「大正十四年五月ごろ、某陸軍予備将官が三菱合資会社の重役に、三〇〇万円相当の砂金を買い取ってくれと交渉した……」とあるが、古谷証言が指す爆薬箱一杯の金塊（約五〇〇万円相当）との関連は不明だ。そしてなにより、金塊の最終的な売却プロセスの解明がなければ、田中、山梨の懐とは繋がらない。

蛇足になるが、三瓶の覚書に呼応して、田中義一を糾弾した中野正剛は、国会で第一四師団の金塊疑惑にも触れている。このとき、ローザノフやカルムイコフではなく、なぜか次のようにセミョーノフの名前を挙げた。

「田中義一君の在職中、莫大なる金塊を第一四師団の手において押収しているものがある。いわゆる『セミヨノフ〔セミョーノフ〕の金塊』として有名なものだ。この金の行方も不明になっておる」。

第一四師団の金塊の出所に関して、中野の耳には別の情報が入っていたのか。言い間違いなら、あとで国会議事録を訂正すればいいだけだが、それもしていない。

宇都宮で下野新聞のマイクロフィルムを回しながら、大林はあることに気づいた。セミョーノフの動向が、微に入り細を穿って、頻繁に当時の紙面を賑わせているのだ。妻子の消息が取り上げられている。汽車で本人に同行した民間人のインタビューまである——。つまり、中央紙、地方紙を問わず、その時代の新聞読者は、「ロシアの金塊」と聞けば、条件反射的にセミョーノフの名を思い浮かべたのでは、と大林は納得した。国民の耳目を惹こうとした中野が、あえて筋違いのセミョーノフの名を持ち出したとすれば、その計算高さは驚くばかりだ。

さて、第一四師団第五九連隊が持ち帰ったというシベリアの金塊が、ロシア側に返還されず、政府の国庫にも納まらず、かといって軍関係者の私腹を肥やしてもいないとすれば、どんな可能性が残るだろう。突拍子もない発想には違いないが、例えば、皇室への献上品として差し出され、結果として一般国民の視野から消えた、とは考えられないか。

ジャーナリストの井上亮によると、明治以来の陸海軍には、戦争を終えるごとに、戦利品のうちから象徴的な意味を持つ品々を選んで皇室に献上する習わしがあった。明治天皇が献上品の保管庫「御府《ぎょふ》」の造営を命じ、戦死者の名簿も併せて納めるよう指示したと伝わるため、大正、昭和の天皇もそれにならった。

昭和二〇年の敗戦まで、皇居の上道灌堀と桜田堀に挟まれた木立のなかに、五棟の御府が点在しており、それぞれ、振天府（日清戦争）、懐遠府（北清事変）、建安府（日露戦争）、惇明府（第一次大戦の対独戦とシベリア出兵）、そして顕忠府（済南事件から大東亜戦争まで）に対応していた。「御府は皇居内の靖国だった」と井上は読み解くが、歴代天皇でさえ足を踏み入れることは極めて稀だった。

御府を相互に比較してみて、気づくことがある。例えば、懐遠府の場合、献上者は陸軍参謀次長で、献上品は清国康熙帝御製金龍砲、義和団の令旗、速射砲、印鑑などだった。ところが惇明府となると、対独戦関連で金属製宝石入置物などがあった記録は残るが、シベリア出兵関係の品について触れた資料は見当たらない。シベリア出兵では戦果と呼べるものがあまりに乏しかったのは確かだが、関係する品があったか否か、それさえ判然としない。しかも惇明府内部を観た者も他の御府に比べ極端に少ない。惇明府が造営されてから一九四四（昭和一九）年まで、参観を許された者はわずかに四五人だ。そのうえ、それらごくわずかな参観者の証言も一切残ってない。裏付けようにも裏付けの仕様がないのだ。

当時の政府は、対独戦とシベリア出兵を併せて「大正三年乃至《ないし》九年戦役」と呼び、一連のものと捉えていた。シベリア出兵では対独戦とは比べものにならないほど多くの人命が失われている。もし、御府が「皇居内の靖国」の性格を持つ施設なら、シベリア出兵の関連の品々に限って収蔵が忌避されるはずもない。

そこで想像をたくましくすると、戦果に乏しかったからこそ、軍部は献上品に悩み、「過激派からの鹵獲品」として、「爆薬箱一杯」の金塊献納を企んだのでは――、と推測できなくもない。陸軍側で皇室献上品に関する実務が参謀本部に任されていたとすれば、その意を直接受けた第一四師団の生沼参謀長が、師団長にも内密に特命を発し、気心の知れた部隊を非公然に動かし、金塊確保に走らせたのではないか。献上にあたっては、金塊の怪しげな出所が絶対に漏れないよう、極秘電にさえ記録を残さず、ごく少数者間の厳秘で事を運んだのかもしれない。金目の戦利品は国庫に入れる規則だが、それを認定するのも軍だ。恣意がはたらく余地がなくはない。最後のハードルは、献上品が御府の収納物としてふさわしいかどうかを決める宮内省の目だが、そこも何等かの奇手で突破したとしたら——。

以上はあくまで勝手な仮説に過ぎないが、惇明府の真実を確認する機会は永久に失われた。昭和二〇年の敗戦によって「栄光の献上品」は厄介な品々に一変する。宮内省は迅速な判断で、御府の使命を完全に終わらせた。GHQから「略奪物」の認定を受けない満洲事変前の収蔵物まですべて自主的に廃棄したのだ。井上によれば、収蔵品の一部は占領軍によってアメリカに持ち去られた話があるという。だからといって、第一四師団の金塊が太平洋を渡ったとまで考えるのは、さすがに荒唐無稽だろう。

四．金塊疑惑追及の終焉

シベリアから白軍が消えると、一九二二年の暮れに極東共和国はモスクワ政府にあっけなく吸収された。十月革命勃発から内戦の終結まで、ロシア国内の犠牲者は一〇〇〇万人とも一二〇〇万人ともいわれる。革命の敵対者に対する赤軍の攻撃は苛烈を極めた。ボリシェヴィキの蜂起にあたって強力な援軍となり、一時は「革命の華」と謳われたクロンシュタット要塞の水兵たちが、進行する極端な国内統制に違和を唱え、個人の自由に重きを置く諸要求を掲げて、革命政権の独裁に反旗を翻すと、トロツキーは、「雉のごとく撃ち殺されるだろう」と予告し、実際、その通りになった。穀倉地帯のタンボフ県では、強制徴発によって飢餓に瀕した農民らがエスエル指導者を推し立て、約一年にわたり不服従を続けたが、その鎮圧には容赦なく毒ガス兵器が使われた。そうやって、旧ロシア帝国の版図に残った〝政府〟は、ソヴィエト社会主義共和国連邦（ソ連邦）だけとなった。

二三（大正一二）年九月一日正午前、相模湾北部の浅い海底を震源とするマグニチュード七・九の大地震が、南関東地方を襲った。死者九万九〇〇〇人、行方不明者四万四〇〇〇人を出した関東大震災だ。国内のみならず外国からも、様々な支援の手が壊滅的被害を受けた東京周辺に差し伸べられた。国交のないモスクワ政府も、素早くウラジオストクから救援隊と医薬品などの物資を載せた救護船レーニン号（三五〇トン）を日本に差し向けた。出発を知った日本は、大災害に乗じてモスクワが「過激思想」を日本国内に宣伝しに来るのでは、と極度に警戒した。その結果、救護隊の上陸を謝絶したほか、物資の陸揚げさえ許さないまま、レーニン号を追い返した。

モスクワ政府が国際社会で存在感を示し始めると、日本も背を向けてばかりはいられなくなった。結局、隣国の現実を受け入れ、国交を結ぶ道を選択する。とはいえ、過激思想流入への怯えは相変わらずで、二五（大正一四）年の日ソ基本条約調印と普通選挙の実施は、治安維持法の成立と一対になっていた。治安維持法の施行によって、自由な言論の時代としての「大正」は事実上終わりを告げる。

日ソ基本条約は七条から成り、革命以前に日露間で結ばれたポーツマス条約以外の約束事は、すべて以降の両国の論議にゆだねるなど、形式的なものにとどまった。帝政時代、ケレンスキー臨時政府時代を通して、ロシアが日本と日本国民に対して負った債務は、付属議定書に「留保」と書き記されたものの、事実上、円貨ロシア国債等の償還不能が確定した。

政友会や陸軍主流派の執念深さに慄いた三瓶が、田中らへの告発を取り下げても、世論は燻り続けた。検察も事案の重大性に鑑み、密行捜査をやめなかった。捜査の中心には主任検事の石田基がいた。石田は毀誉褒貶の激しい人物で、鉄の意志を持つ剛腕検事と称えられる一方、その強引な捜査手法はときに批判を浴び、世間の耳目を引く事件ばかり好んで手掛ける目立ちたがり屋との悪評もあった。実際、当時の石田は、田中機密費疑惑のほか、与野党の政治家が絡む大阪・松島遊郭疑獄や、朝鮮人反体制活動家を第二の大逆事件犯にでっち上げようとした朴烈事件まで、重大事件の捜査三件に深く関わっていた。

一九二六（大正一五）年一〇月三〇日未明、東海道線大森〜蒲田間の踏切に近い鉄道敷地内の狭い水路で、畳んだ洋傘を持った紳士の遺体が、胸から下を水に浸した格好で見つかった。東京地裁検事局の石田基だった。前夜石田は、日比谷で開かれた検事たちの小宴に出たあと、省線市ヶ谷駅近くの自宅にまっすぐ帰ったものと思われたが、遺体発見現場は日常の生活圏から遠い。

しかも、捜査の進展次第によっては、政権の帰趨に関わる重大事件を複数抱える「時の人」だから、石田の存在を疎ましく思う者もひとりやふたりでない。素人目にも事件性は濃厚と思われたが、検察上層部は早々に過失死と断定し、遺族が希望した司法解剖もせずに遺体を荼毘《だび》に付した。目に見えない巨大な力が、刑事事件の真相を葬ろうとする場合の常套だ。石田の同僚検事らは他殺との見方を捨てず、証拠を集めて特別捜査の検事団まで組織し、怪しい動きの端緒を掴んだが、容疑者検挙までは行き着かなかった。警視庁の捜査が、検事団より先に終了したことも痛かった。

松本清張の見方をまとめると、「容疑者グループは朴烈事件を倒閣の具にしようとした企みから浮上した。彼らは政友会院外団と繋がっていたから、石田を消す動機も十分だった。石田の死で、機密費問題の捜査は雲散霧消した……」ということになる。

ところが、機密費疑惑の捜査は「雲散霧消し」なかった。「告発に対する検事の最終意見」と題する文書を田中義一関係資料から見つけ出した多田井喜生によると、検察は最後まで調べを尽くしたうえで、容疑事実なしと判断して不起訴にしていた。シベリアの金塊関係では、セミョーノフを大連からわざわざ呼んで、「直接精密に取り調べたるも、何ら怪しむべき事実を発見せず」。機密費保管の関係でも、「個人の預金にあらず、官吏としてこれを保管せること明らかなり……田中義一名義の預金一口もなく……」とわかったからだ。乾新兵衛からの融資も、公債を担保にした事実はなかった。

松本清張は田中の持参金三〇〇万円の正体を、公債に化けた機密費（官金）の流用と見たが、私《わたくし》しなければ、機密費を公債に換えて保管しようと何の問題もない。「大臣として公債購入を二、三回命じたが、どこが悪いのか」と、田中義一自身もオフレコ取材の報知新聞記者に素朴な疑問を呈している（多田井前掲書）。とはいえ、会計検査院のチェックに服さない軍事機密費は、使途を自由に装えるから、難なく貯め込める。陸相当時の荒木は、機密費を参謀次長に預け、火急の場合に備えて裏金を造っていた、と率直に認めている。裏金になってしまえば、公私の区別はあいまいになるのが常だ。

日ソの国交樹立を待ちかねたように、訪ソ第一号の国会議員となったのは中野正剛だった。一九二五（大正一四）年の八月から九月にかけて、川崎造船所社長松方幸次郎一行とともに、ウラジオストク、ハバロフスクを回り、ハルビンから南下している。

砕氷艦「大泊」の建造を手掛けた川崎造船所は、第一次大戦とそれに続く日本の海軍力、民間海運力の発展気運を追い風に神戸で急成長した企業だった。

余談だが、そんな川崎造船所の旋盤工見習を振り出しに、自活の道を歩み始めた異色の人物がいる。山口組三代目として全国最大の広域暴力団を率いた田岡一雄だ。四国の郷里で父、母の順で亡くした一雄少年は、神戸の親戚に引き取られたが、血縁者の養父は酒と博打に溺れており、養母は一雄の存在を疎んじた。運動能力に秀で、成績も悪くなかった一雄に高等小学校の教師は、川崎造船所の将来性を説き、就職を強く勧めた。養家から早く独立したい一念で一雄は懸命に働いたという。

ソ連政府は、中野、松方らの訪問を歓迎し、女性通訳を張り付けるなどして気遣った。この道行きでの中野の動向が、あとになって当局の情報網にかかった。中野には松方一行と別れて現地で単独行動した日々があった。その間にソ連側に取り込まれたのではないか、というのだ。

田中義一を徹底攻撃された恨みから、政友会は中野の信用を貶《おとし》めようと画策した。それには「過激思想」の流入を懸念する空気を利用し、露探（ロシアのスパイ）に仕立てるのが手っ取り早い。久保田栄吉というソ連の獄中に二年いた男に、「中野はモスクワ政府から金を貰い、現地の新聞に偽名で記事を書くような秘密党員だった」と作文させたが、これは嘘がたやすく露見した。嫌疑は晴れたはずだったが、当局はまだ矛を収めていなかった。

原敬の刺殺現場に国勢院総裁として居合わせた小川平吉は、元首相宮澤喜一の祖父にあたり、加藤高明内閣で司法相、田中義一内閣で鉄道相を歴任した。思想的には「日本精神」を唱える国粋主義者で、治安維持法制定の旗振り役を務め、政友会代議士のなかでも中野攻撃の急先鋒として知られた。

そんな小川のもとに、人を介してソ連側の極秘電報や資料、あわせて九件が写真の形で持ち込まれた。それらはハルビンのソ連領事館の内部文書で、危険を冒して接写し、日本側に流したのは、死んだ共産党員から身分と経歴をそっくり乗っ取って別人になりすまし、館員に採用された元カッペリ兵団の参謀とのことだった。

　九件の極秘文書は全体として、中野がソ連のエージェント「同志八一八号」として働き、高額な報酬を得ていたことを詳細に裏付けており、証拠価値として非の打ち所がなかった。戦後、東京高検部長検事を務める小泉輝三朗は、「外部に漏洩すべき筈のない文書が、このように取揃えて写真にまで撮影されている事は、用心してかからねばならぬ第一のこと……」と、証拠が完璧過ぎるのを怪しんで、中野スパイ説に首を傾げた。久保田栄吉を利用した策謀も、実は小川の仕掛けだったことが判明している。かといって、当時まだ血気盛んな若手代議士に過ぎなかった中野を陥るために、ここまで手の込んだ工作ができるだろうか、とも小泉は自問している。

　国会でのロシア金塊疑惑の追及は、一九二七（昭和二）年二月、政友会議員らの常軌を逸した暴力で、清瀬一郎の質問が中断させられたのを最後に、沙汰止みとなっていた。〝ソ連の流出文書〟に絡む中野の露探疑惑が再燃するのは同年暮れだ。翌二八（昭和三）年三月には、田中義一内閣のもとで、日本共産党の大検挙が行われる（三・一五事件）。中野を血祭りにあげる環境は整っていたというべきだが、意外にも「……露探問題は議会で線香花火のようにはかなく消えたまま、官憲の食指も動かなかった。これはどういうことであろうか」（渡邊行男『中野正剛　自決の謎』)。のちの中野の自裁同様、確かに不可解な結末というほかない。

五．セミョーノフの最期

田中義一の機密費疑惑捜査で、検察当局の事情聴取に応じるセミョーノフは、シベリアを離れたあと、転々と住居を移していた。

自軍の解散を受けて、最初はウラジオストクから旅順に向かった。旅順では東京の部下に命じて、邦字紙『未来の露西亜』を発刊させ、日本からの支持回復を狙って、国会議員や政府高官に配布したが、それも長くは続かなかった。旅順から日本経由で上海に入った。その後については諸説あるが、妻ゾレータを鎌倉に置いて、愛人エレーナと一時アメリカに渡った。しかし、アメリカのシベリア派遣軍に対する暴力行為を問う官憲の追及や、債務不履行を理由にした亡命ロシア人たちの入国拒否申し立てに遭い、長崎経由で天津に逃げ帰った。天津ではソ連の放った暗殺者に襲われ、拳銃で応戦したと伝えられる。

再び長崎に舞い戻ったのは、レーニンの死亡を大陸反攻の好機到来と見て、挙兵計画を具体化させるためだった。グラバー邸下の自宅近くに住まわせたロシア人秘書を頻繁に上京させ、蒙古に所有するという森林五〇〇万町歩（約四万九〇〇〇平方キロ）の伐採権を、日本の実業家に譲渡する段取りについて、黒木親慶と相談していたのも、軍資金捻出のためだ。一方で、自ら中国に飛んでアジアの宗教人の統一組織づくりを画策した。

すでに述べたように、セミョーノフは黒木親慶を代理人として、オムスク政府の日本駐在武官ポチャーギン少将を相手取り、一〇六万円の返還訴訟を提起して最終的に和解に持ち込んだ。これが彼にとって金塊回収の最後のアプローチとなった。

大陸反攻の火はその後もセミョーノフのなかで燃え続ける。軍資金の獲得と兵力の調達を常に念頭に置いていた。白系ロシア人極東代表の座を巡り、北京に亡命していたホルヴァート将軍と鞘当てを繰り広げた。満洲国が成立すると、その白系露人事務局の活動にも連なった。関東軍は、退役将軍となったセミョーノフに月々一〇〇〇円の俸給を渡していた。シベリア抑留を経験した異色のライター千谷道雄は、日本からすでに用済みと見なされているのを承知で受け取っていたのであろう、と推測している。実際、大連特務機関は、役目柄セミョーノフの存在を視野には入れたが、歴代担当官の間には、深く関わるな、という申し送りがあったという。何を仕出かすかわからない凶状持ちと見て、敬して遠ざける状態を続けた。

日本軍部と疎遠になってからもセミョーノフは旺盛な活動をやめなかった。一九四五（昭和二〇）年八月、日ソ中立条約を破ったソ連軍の満洲侵攻に伴い、セミョーノフは落下傘部隊によって大連で拘束され、モスクワに連行された。早くからすべての動向は諜報員によって筒抜けになっていたようだ。ソ連内務省部隊は、大きなロシア人社会があるハルビンで関係書類を押収し、〝反ソ分子〟の炙り出しにかかった。無国籍、つまり白系のロシア人約八〇〇〇を短期間に逮捕し、本国のラーゲリ（強制収容所）に送り込んだ。

セミョーノフの名が再びクローズアップされたのは、一九四六（昭和二一）年、東京裁判（極東国際軍事裁判）の法廷だった。日本の戦争犯罪を論証するのに、戦勝国ソ連が最初に切ってきたカードがセミョーノフの宣誓供述書だった。しかし、法廷に本人の姿はなく、証人尋問ができない。「セミョーノフはここ三週間ほどの間に処刑されている」とアメリカの弁護人が暴露すると、法廷に衝撃が走った。供述書は証拠採用されたが、ロシア人以外の判事はやる気を削がれた。セミョーノフの処刑は銃殺と思われるが、動物の檻に入れられモスクワ市内を引き回されたあと、絞首刑に処せられた、との異説もある。

「正史の向う側にあって、泡粒のように消えて行った人々の中にも、近づいてよく見ると、何やらわれわれに語りかけてくる人物がある。白露の亡命将軍セミョーノフもまた、その一人である」という千谷道雄は、「私はアタマン・セミョーノフだ」という処刑前の最後の言葉を引用して、ごく短い評伝を締め括っている。

六．流出の総決算（一）……モスクワへの還流

コルチャークが全ロシア臨時政府（オムスク）の陸海軍大臣に就任した一九一八年の秋、すでに同政府の管理下に収まっていた金塊は約五〇〇トン。これが「コルチャークの金塊」の正体だった。帝政ロシア政府時代の金準備を源に、川上から川下へとたどることができた金塊の流れは、ここから伏流水となって地中に消え、見えなくなる。

「セミョーノフの金塊」には、保管、搬送、訓令、受令、換金に多くの人間が関わり、証言と物証に事欠かない。とてつもない量（約九二・八トン）であり、「コルチャークの金塊」約五〇〇トンを源流として地表に湧き出した伏流水の一部と認める以外に説明のつけ様がない。

内訳を再確認すると、朝鮮銀行ハルビン支店を経由したものが約六二トン。経由しなかったと思われるのは中国押収分を含めて約三〇・八トンだった。日本の銀行にすべて買い取られたわけではないが、ほぼ全量が満洲に持ち出されている。

「ペトロフの金塊」の搬出はオムスク政府軍の軍令によるものだから、「コルチャークの金塊」約五〇〇トンの流れには違いないが、売却は「セミョーノフの金塊」の一部としてなされているので、九二・八トンのなかに含まれる。「ポチャーギンの金塊」も出所はチタの金庫だから同様だ。

「カルムイコフの金塊」は、革命前の官金とロシア人金鉱業者らの私有物から成っていた。ロマ

ノフ王朝政府の金準備を源流としたものでないのは明らかで、約五〇〇トンの伏流水とはいえない。

「第五九連隊の金塊」も、最初は砂金状態だったというから、これも伏流水の湧き出しとは違う。「ローザノフの金塊」、つまり日本と上海の横浜正金銀行にあったという残高五五〇〇万円の銀行預金については、伏流水かどうかを問うまでもなく、その存在自体が極めて疑わしい。状況証拠としてあるのは、横浜正金銀行、朝鮮銀行、ロシア国立銀行の各ウラジオストク支店が一九一九年一〇月に締結した極度額五〇〇〇万円のルーブル金貨担保融資契約だけだ。

その半分にあたる融資は実行され、二四七〇万円の現金がロシア側に貸し付けられた。払い込まれた現金を、「ローザノフが独り占めしたのかもしれない……」。そのうえ、残る半分の融資を受けるため、担保用の金貨は、「すでにどこからかウラジオストクに運び込み済みで」、日本に「積み出されるのを待っていたかもしれない……」。その金貨を、「日本に逃亡するローザノフ将軍が持ち逃げしたかもしれない……」というのだが、この筋立ては憶測のうえに憶測が重ねられていて、存在証明には到底ならない。

もちろん、極度額の約半分にあたる融資の担保として、二六五八万ルーブルの金貨（約二〇・六トン）が差し入れられ、結局「担保流れ」した事実は動かない。日本に金貨が預け入れられたとき、オムスク政府はまだ機能していたし、ローザノフが同政府極東総督の立場で、他の政治的、軍事的勢力と金貨を争った形跡はない。そうであれば、二〇トンを超える金貨は約五〇〇トンを源流とする伏流水の一部であると断定していいし、融資時期（一九一九年一〇月）に着目すれば、その地下水脈はオムスク政府の東送分約一五〇トン以外にないと判る。

一方、オムスクを放棄し、東に逃げるコルチャークが自らの特別列車に積み込み、途中で目減りしながらイルクーツクまで運ばれ、最後はチェコ軍団の管理下に入った約三二七トンの行方はどうなったか。結論から言えば、チェコ軍団がウラジオストクまでの安全通行の見返りにボリシェヴィキと秘密裡に取引し、そっくり引き渡していた。シベリア駐在連合国代表団の憂慮は現実となっていた。

フレミングは、裏取引という言葉を避けて、以下のように婉曲に表現する。

「［チェコ軍団の］東への自由な通行は、理屈からいえば、金塊とボリシェヴィキに兜を脱いだ軍団最高司令部の指揮によって保証された」。

以下、裏取引に至る事情を見てみよう。『シベリア氷上大行軍』（二〇一一年）を著したガリーナ・アフメトワらのロシアの新しい研究によると、赤軍の前衛は、イルクーツクへ退却するコルチャークの金塊列車を追って一九二〇年一月七日、クラスノヤルスクに達し、チェコ軍団の後衛が停滞するクリュクヴェンナヤまで一駅に迫った。チェコ軍団の後衛よりかなり先を行くコルチャークの金塊列車はやがてニジネウヂンスクに至る。九日、その地でチェコ軍団はコルチャークを金塊列車から連れ出した。さらに先行する別列車に移すためだが、もちろん、単純な善意からではない。チェコ軍団にとって、下野宣言を発し終えたコルチャークは、高く売れる大事なカードに成り代わっていたからだ。

一一日、チェコ軍団司令部はついに赤軍に停戦を持ちかけたが、交渉は不調に終わる。赤軍第五軍とシベリア革命委員会が、コルチャークの身柄と金塊の引き渡しのほか、武器を捨て、赤軍の捕虜となるよう要求したからだ。チェコ軍団側は席を蹴り、以後両軍の接触は途絶える。一五日に赤軍第五軍がカンスクを陥落させた。同日チェコ軍団は、コルチャークの身柄を手放すのだが、その相手は「政治センター」であり、「政治センター」が地元ボリシェヴィキに打倒されたため、コルチャークはボリシェヴィキの拘束下に置かれた。

赤軍前衛は東に向けてひとつ、またひとつと町を陥れ、二八、二九の両日には、ニジネウヂンスクでチェコ軍団後衛に大被害を与えた。列車を捨てて退避するところまで追いつめられたチェコ軍団は、結局、イルクーツクに近いクイトゥン駅で停戦交渉を再開する道を選び、二月七日、赤軍と合意に達した。チェコ軍団は、以下の順守を表明した。

①コルチャークおよびその側近の処遇に関与しない。
②白軍支援をやめ、白軍兵士を連れ出さず、その武器も持ち出さない。

③金塊のほか、通過する鉄道駅、橋梁、トンネル、車庫を現状のまま赤軍に引き継ぎ、終着駅では機関車と客車も明け渡す。

これらの条件を満たす見返りに、ボリシェヴィキ側は赤軍第五軍の前衛とチェコ軍団の後衛との間に中立区間を設けるとし、東進のための列車に石炭の供給を保証した。

この「クイトゥン合意」成立の時点で、すでにコルチャークの身柄はボリシェヴィキ側に落ちており、チェコ軍団には関与の余地がない。しかも合意当日の深夜には処刑されているのだから、①の要件は実質的に無意味だ。

チェコ軍団はボリシェヴィキ側に金塊をすべて渡したわけではなく、折半したのだ、との異説がある。だが、もしチェコ軍団がその後も金塊を運んでいたのなら、帰国の道中、果たして外部の目から隠しおおせるものだろうか。

チェコ軍団司令部は本国帰還に先立って、日本の浦潮派遣軍司令部との間で、軍団所有財産監視協定を結んだ。ウラジオストクに到着したチェコ軍団将兵は、この協定に基づいて自動的に武装解除された。軍団の武器は貨車二〇両に厳重に格納され、兵器以外の物品はテント、書類に至るまで、ひとつの倉庫に保管された。これらの保管責任は日本軍が負った。アメリカ政府差し回しの帰還船に乗り込むにあたっては、別に厳重な積載品検査が実施されている。もし、大量の金塊を積み込もうとすれば発覚は免れない。新生チェコスロヴァキア政府の外相ベネシュは、シベリアから金塊の持ち帰りを期待していたといわれる。しかし、将兵たちが祖国に凱旋した際、血で購った鹵獲品のロシア金塊を、手土産替わりに国庫へ納めた、との話は伝わっていない――。
シベリアのチェコ軍団は、オムスクから運んできた金塊の残りを、ボリシェヴィキと裏取引し、そっくり渡した事実を組織的に隠蔽した。日本は、軍事、外交、金融の各チャンネルを総動員して探ったが、二枚舌にしてやられ、四月になるまで、金塊がボリシェヴィキの手に落ちた確証を得られなかった。地団駄踏む思いの滲む電報が残っている。

知多六三五号　チタ黒沢大佐➡参謀本部次長　大正九年四月二三日発
「……チェック〔チェコ軍〕幹部、一時逃れの言動を為すことは、彼らと応答する者の等しく認めるところなり。コルチャック〔コルチャーク〕及び金塊の引渡、背信、……その巧言令色に眩惑され、後悔を残すに至る……」

そのころ、国際協調出兵の目的であるチェコ軍団の祖国帰還は大詰めを迎えていた。派遣軍の全体が帰還事業の完遂に向けて浮足立つなかで、ひとり特務機関のみが、去り行く軍団の変節ぶりをあれこれ参謀本部にあげつらっても、顧みられることはなかった。

バイカル湖を挟んでイルクーックの対岸に位置するヴェルフネウヂンスクを首都として、極東共和国が産声を上げ、一九二二年まで存続したことはすでに述べた。同国がレーニンの強い支持を受けてモスクワ政府から分離独立を果たすのは、金塊がチェコ軍団から地元革命派に引き渡された二ヶ月ほどあとだ。極東共和国は独自紙幣を発行している。金塊が同国に流れ、紙幣価値を裏付けるための正貨準備に組み入れられた可能性はないのか。

同国は二〇年一〇月に、セミョーノフ軍を追い払ってチタに遷都し、翌二一年二月から憲法制定会議を開いている。代議員の過半は無党派の農民だった。この会議を傍聴して同国の目指す国家像を見極めるため、チタに出張した派遣軍司令部付の三毛一夫少佐は、「日本の通商界は、通商再開に大変強い関心を抱いている」と現地紙の取材に答えている。「〔しかし〕途上には幾多の障害が控えている。中でも一番重要なのは極東共和国住民の支払い能力欠如である。極東共和国は外貨準備〔金準備〕をもたず、日本品購入の財源がないので……」（原暉之「シベリア出兵の終結――沿海州のソヴェト化と日本の撤退　一九二二年」）。

同国に金準備と言えるものはなかった。したがって、シベリアのボリシェヴィキにそっくり渡った約三二七トンは、誰にも奪われず、散逸もしていない。となれば、やはりモスクワ政府の国庫にすべて還流したと考えるのが筋だろう。なお、歴史作家グザーノフは、ボリシェヴィキ側が「クイトゥン合意」で受領した金塊をイルクーックで数え直したところ、三一七トンだったとの異説を唱えているので付記しておく。

七. 流出の総決算(二)……パリに続く道

第二次大戦後、日本は連合国とサンフランシスコ講和条約を締結し独立を回復した。ソ連、ポーランド、チェコスロヴァキアの三国は、講和会議に出席していながら、すでに始まっていた冷戦を反映し、調印を拒否した。独立の経緯が、第一次大戦の帰趨やシベリア出兵に絡むポーランド、チェコスロヴァキア両国は、元来、特別な親日国だったはずだ。それが東側陣営の忠実な僕《しもべ》として立ち現れる背景には、世界大戦の戦間期から第二次大戦にかけて、独ソの両全体主義国家に弄《もてあそ》ばれ、またしても国土の分割や国家主権の剥奪などを経験した苦難の月日が隠れていた。

日ソの戦争状態を終わらせる二国間交渉は、一九五五(昭和三〇)年六月にロンドンで始まった。交渉の入口段階でソ連側から金塊問題が持ち出されたという説があるが、懸案は事前折衝により、①ソ連の賠償請求権の放棄、②シベリア抑留者の帰還、③漁業権、④北方領土の帰属の四件のみに絞られていた。ソ連が自壊するまで、平和条約締結に向けて重ねられてきた日ソの長い折衝史で、内戦期の金塊の行方が取り沙汰されたことは公式には一度もない。

一九九一年九月一三日付『イズヴェスチヤ』が指摘したように、「カザンで奪われた金塊は、チェコスロヴァキア軍団とボリシェヴィキの交渉でロシア側に取り戻された」というのがソ連の史家の見解だった。厳密に言えば、シベリアのボリシェヴィキの手を経てモスクワ政府に還流したのは、「カザンで奪われた金塊」のすべてではなく、イルクーツクでチェコ軍団が管理していた「コルチャークの金塊」の残存分約三二七トンにとどまる。オムスク政府の一括管理分約五〇〇トンを源とする伏流水から、東送分の約一五〇トンはすでに流れ出ていて、別の地下水脈を形成していた。

二〇年一月、セミョーノフが、オムスク政府の「貴重品」、即ち輸送金塊を避難させるとして、麾下のスキペトロフ支隊をイルクーツクに送ったことは、鈴木荘六第五師団長の日記にも出てくる。現地で金塊列車を守るチェコ軍団と銃撃戦になり、支隊は武装解除されて引き下がった。チェコ軍団がボリシェヴィキとの「クイトゥン合意」を遵守したので、以降、セミョーノフの金塊入手は不可能になった。逆に言うと、「セミョーノフの金塊」約九二・八トンの全体は、オムスク政府の崩壊前までに蓄積されていたことになる。

では、どんな過程を経て蓄積されたのか、具体的に跡づけてみたい。

コルチャークがオムスクで仕立てた金塊列車は、遷都先のイルクーツクに合流を目指すオムスク残留政府関係者としての殿《しんがり》だった。それに先立つ慌ただしい金塊の動き――例えば「ペトロフの金塊列車」のように――があったことは判っている。

コルチャークがオムスクを脱出する一週間ほど前の一九（大正八）年一一月八日、朝鮮銀行東京支店に同行の久保田積蔵ハルビン支店長から、次のような報告が届いていた。

「オムスクより浦塩に向け輸送中の金塊二八〇〇プード（約四六トン）、チタにて一〇月二六日、セミョーノフ軍において過激派掠奪予防の理由の下に保管せる由」（多田井前掲書）。

明けて二〇年春、例の一四三箱をチタから満洲に送り出した黒沢準大佐は、軍務局長への事後報告のなかで、「財政上の政府〔コルチャーク政府〕が国外に搬出しようとしたものを差し押さえ、チタに保管したる金塊」と、その由来を明かしている。言い回しから考えて、前記久保田報告と符合するものだ。

これより早い一九年六月、オムスク政府極東軍司令官の立場からセミョーノフは、最高総司令官コルチャークに対し、「コサック部隊の戦闘能力向上を図りたい」として、金塊の一部を渡すよう執拗に訴えた結果、オムスク政府から貨車二両分の金塊を譲渡されていた、とラティシェフはロシア側資料に基づき指摘している。

「〔一九年〕五月下旬にコルチャークとセミョーノフは表面的ながら和解した」との山内封介の記述は、このラティシェフ説を補強するように読める。セミョーノフらシベリアの白軍諸兵団に対する個別支援の見直しを決めていた原内閣は、そのころ、オムスク政府を窓口にした支援の一本化に踏み切っていた。両雄が歩み寄った背景はそれだろう。譲渡された金塊の価格は四三五〇万ルーブル、重量にして約三三・七トンだ。オムスクから貨車で東送された譲渡金塊は国立銀行イルクーツク支店にいったん納められた。のちのポチャーギン金塊訴訟の第一審判決で東京地裁は、問題となった預金残高が、この譲渡金塊の一部から出ていたと認定している。

久保田支店長報告の「差し押さえ分」と、ラティシェフが指摘する「譲渡分」とを合わせると、それだけで八〇トン近い。つまり、「セミョーノフの金塊」約九二・八トンのかなりの部分は、単純なプロセスで蓄積されていたことになる。

このほかに、「ペトロフの金塊」がある。内訳は、チタ手前でセミョーノフ配下のコサック部隊に無理やり奪われた三〇箱と、満洲里で井染大佐の手に渡った二二箱、合わせて五二箱（約二一・六トン）だ。

さらに、詳細はいちいち明らかでないが、チタの〝関所〟に張っていた恒常的検問で押収した分も当然あった――。

地下水脈をまとめると、「セミョーノフの金塊」約九二・八トンと、日露三行融資契約の「担保流れ」約二〇・六トンは、いずれもオムスク政府の東送分約一五〇トンから湧き出した伏流水だった。約一五〇トンに限られる地下水脈から、前記二系統の伏流水を差し引いて残るのは約三六・六トン。この約三六・六トンには、オムスク政府が他に海外へ送り出した分の総計と、東に列車を走らせた燃料や警護の兵士の食糧などに消えた諸経費が含まれるはずだ。

（A）大戦前に帝政ロシア政府が所有していた金準備　約一二四〇トン
（＝ロマノフの金塊）
（B）ソヴィエト政府が成立直後、国立銀行から接収した金準備　約九七六トン
（C）カザンから白軍が奪い、オムスクの国立銀行に納めた金準備　約五〇〇トン
（＝コルチャークの金塊）
（D）オムスク政府が崩壊前にあらかじめ東送した金塊の総計　約一五〇トン
（E）イルクーツクでチェコ軍団からボリシェヴィキに渡った金塊　約三二七トン
（D）のなかから以下の流れがあった。
（F）国境を越えて満洲に流出したセミョーノフの金塊　約九二・八トン
（含ペトロフの金塊、ポチャーギンの金塊）
（G）日露三銀行ウラジオストク支店間融資契約の「担保流れ」　約二〇・六トン
（H）その他の海外流出分（東送の諸経費を含む）　約三六・六トン

見ての通り、（A）から（B）への目減りは顕著だ。帝政ロシア政府と二月革命臨時政府が、戦費を賄うためイギリスから借款を受け、利息のみにせよ三年半、金準備（外貨準備）を取り崩し返済にあててきた結果だ。

（B）から（C）への落差はそれ以上に大きい。強奪前、カザンで保管されていた国有資産のうち、金貨金塊については、「金貨約五億ルーブル、金塊白金五三一箱」とやや曖昧ながら、「財務人民委員部の決定」として多田井が捉まえた数字があった。では、残りの金準備はどこに置かれていたのか。

国力を推測できそうなデータの多くが、〝労働者国家〟を美化する道具と化し、正確な国家統計が掴みにくくなっていた一九四〇年代のソ連で、日本の政府系シンクタンク東亜研究所が、信頼に足る稀有な学術書を探し出していた。それによれば、十月革命当時、ソヴィエト政府がロシア国立銀行本店から接収した金準備一二億六〇〇〇万ルーブル相当のうち、六億ルーブル分はモスクワで保管されていた（ゼー・ヴェ・アトラス『ソ連邦貨幣流通史研究』）。重さにして約四六五トンだ。革命直後からソヴィエト政府によって一般財源として取り崩され、費消の対象となったという金準備の水源はこのモスクワの約四六五トンだろう。一方、残りのすべてがカザンに搬送されていたとすれば、《チェコ軍団―カッペリ兵団》に襲撃されるまで、保管庫に眠っていた金貨金塊の総量は約五一一トン。強奪を免れた金貨の存在は山内封介も指摘していたが、残ったのは約一一トンだけという計算だ。大半が奪われたと言っていい。それだけに、(E)を取り戻したことにモスクワの財務当局者は息を吹き返す思いだったろう。

オムスク政府と支援国の金銭貸借関係の清算、つまり借款や援助に対する見返りや決済に関しては、すでに述べたように諸説あった。清算には金塊だけでなく一般税収や農産物、地下資源も使われたことに注意する必要があるが、オムスク政府の金準備(C)のうち、(E)、(F)、(G)のいずれにも含まれず、あらかじめ東送されていた分と、その輸送コストを合わせたものが約三六・六トン(H)だったとすると、諸説のなかで辻褄が合うのは、「英米借款に対して二三トンが渡ったのみ」としたノビツキー元ロシア大蔵次官の見解だけだ。この説を補強するかのように、オムスクからの金塊輸送に、イギリス軍の関与を覗わせる大隊副官ベアリングの日記があった。また、ウラジオストクから先の海外輸送に、イギリス系の香港上海銀行がルートを提供した、とのグザーノフの指摘もあった。さらに、オムスクから香港に送られた金塊の正体は、英米の銀行から短期融資を受けるための担保だった、と明確に指摘する研究まである(富田俊基『国債の歴史』)。

しかし、仮にノビツキー説が正しかったとして、それは表向きの数字に過ぎなかったかもしれない。というのも、統治機関としてのオムスク政府は、議会を持たない役人本位の閉じた組織であった。したがって、戦争指導にかかり切りのコルチャークから施政上の大きな裁量を委ねられている政府高官ともなれば、自分たちの恣意的な振舞いを、うわべだけもっともらしく見せることなど簡単だったからだ。具体的には、オムスク政府内に設けられた非常国家経済会議のメンバー、つまり「すべての閣僚や会計検査院長、市中銀行の頭取ら」のだれもが、金準備を思いのままにする権限と可能性を持っていた。発送主が本来の管理責任者以外に何人もいたということだ。ある時期から、高官たちによる金塊の東送は、支援国への見返りや商取引の決済を装って、実際のところは、仲間内の先行きを支える蓄えづくりに回されていた（グザーノフ前掲書）。

債権を抱える支援国にとっては裏切りだが、それが即、私欲に駆られた横領、着服かといえば、そうとも言い切れない。セミョーノフと争った長期訴訟の和解金を、国有財産と認識したうえで、パリにあるロシア白軍将兵のための救済団体にそっくり寄託したポチャーギン少将の例もあるからだ。

現代ロシアの科学アカデミー会員ブドゥニツキーによると、オムスク政府の版図から海外に流出した金塊の一部は、各種株券や為替手形の形で基金化され、パリの「ロシア大使連盟」の管理下で一九五〇年代後半まで存続していた。「ロシア大使連盟」は、十月革命の勃発で戻るべき祖国を失った在外公館勤務の外交官たちの互助組織だ。

流出金塊に関する資料は、内戦終結後、チェコスロヴァキアの首都プラハに落ち延びた亡命ロシア人の文書庫にまとまってあったが、一九四五年にソ連特殊部隊の手に落ちてから散逸し、ロシア国内の他、米スタンフォード大、コロンビア大、それに英リーズ大の各文書館に流出した。ブドゥニツキーはそれらの流出先の資料を突き合わせ、基金の存在に迫った。

基金は、ポスト・ボリシェヴィキ政権樹立の財政準備を名分にしていたが、白軍将兵の年金や一般亡命者の援助に広く使われた。コルチャークの下野宣言で、全ロシア政府最高統裁官の称号を譲られた南ロシアの白軍将軍デニーキンも年金の恩恵に浴している。ヴラーンゲリ将軍に従った将兵にも配られた。亡命将兵と家族の再定住先に選ばれたのはバルカン半島のブルガリアだった。基金の共同代表は、当時のワシントン駐在ロシア大使パフメーチェフ（旧勢力）が務めていた。駐米日本大使館の二〇年春ごろの認識では、実際にパフメーチェフはワシントンを離れ、パリに赴いていた。ロシアからの亡命者救済に奔走していたと思われる。

よく知られているように、ロシアの貴族や高級軍人ら知識階層の間では、伝統的にフランス語に通じることが教養のひとつとされてきた。いきおいフランス語圏は亡命先に選ばれやすかった。皇帝の従妹マリア・ロマノヴァが逃げ延びて、小さなブティックを開いたのはパリだ。デニーキン中将も一時パリに身を置いた。一九二〇年代以降のパリで、タクシー運転手の職は亡命白軍兵士に占められていたといわれる。ロシア人亡命者支援のための資金源（基金）がパリにあったとなれば、上官、上司の助力を期待して、パリに流れ着く者が増えるのも無理はない。ちなみに、文学の一ジャンルとして、東西冷戦を背景にイギリスで花開くエスピオナージ小説の名作には、白軍をルーツに持つパリの反ソ亡命者組織が西側の諜報機関と組んでKGBに立ち向かう構図が珍しくない。事実が下敷きになっていたのだ。

歴史作家グザーノフは祖国の内戦期の出来事をつとめて客観的に眺めているが、オムスク政府高官らが金準備を使って非公式な預金づくりに励んでいた事実に突き当たって、当惑を隠していないし、同じロシア人として潔しともしていない。債務は債務、債権は債権だからだ。

（G）はもちろん、（F）のかなりの部分が日本に流れ込んだといっても、実態は邦銀による短期融資の担保流れや市場価格での買い取りによる流入だから、それに見合った現金は邦銀から相手方に出て行っており、真っ当な商取引の域を出ない。問題は貸し倒れに終わった政府間の貸借で、ソヴィエト政府の対外債務否認によって、ロマノフ家統治下の政府が軍需品の購入費用調達のため発行した円貨ロシア国債は未償還が確定した。十月革命で戻るべき祖国を失い、日本に残るしかなかったロシア外交官や武官の個人による債務保証も、オムスク政府の崩壊を受けて全くの空証文になった。峻厳な財務官僚や銀行家なら、到底許せる話ではないが、彼らに嘲笑されるのを承知で言えば、残ったロマノフ王朝の金塊が巡り巡って亡命白軍将兵の生きるために使われたのなら、どこか救われる気がする。

もうひとつ、ここまで突き詰めてきたからこそ、断言していい事実がある。コルチャークが列車に積み込み、東へ運んだ金塊の行方について、あれこれ憶測が飛んでいた当時、原内閣の蔵相高橋是清は、「シベリア金融貿易等の唯一の基礎」だとして、「その運命について本邦は深甚の利害を有する」との認識を示していた。オムスク政府が帝政以来の国家債務を引き継ぐと宣言していたからだ。では、高橋の意図通りコルチャークの金塊から、日本は幾ばくかでも回収できたのか。答は否である。

エピローグ

一九二〇年一月一五日、コルチャークの身柄は、チェコ軍団から「政治センター」に引き渡された。「政治センター」の権力掌握は一過的で、すぐ地元のボリシェヴィキに取って代わられたので、以降、コルチャークは、イルクーツク軍事革命委員会（ボリシェヴィキ）の拘束下に置かれた。どの地で、いつ、処刑の日を迎えるにしても、コルチャークの命運はここに定まったと見ていい。長く支え続けてきた男の窮地を救うために、イギリスの現地代表は特別な動きを何もしていない。

イギリスの陸相だったウィンストン・チャーチルは、白軍支援に最後まで固執したが、首相ロイド・ジョージはロシアからの撤兵を急いだ。のちにチャーチルは、無念さを滲ませて以下のように振り返っている。

「〔連合国側の〕チェコ軍団は、ボロ雑巾のようになり志気阻喪したシベリアの民衆とこれまでいっしょに行動し交流してきた歴史の歩みを、この間、見捨ててしまったように見える」（エヴァン・モーズリー『ロシア内戦』）。

「政治センター」の下にコルチャークの身柄があったのは、わずか六日間だ。モーズリーは、その六日間に隠されたドラマを掘り起こしている。

「政治センター」はイルクーツクの地域政権に過ぎなかったが、シベリア全域に独自国家の樹立を夢見ており、コルチャーク軍の指揮官らの協力を必要としていた。だから、チェコ軍団からコルチャークの身柄を貰い受けたとき、「政治センター」内部にはコルチャークにイルクーツクの無害通過を許し、東進させる意見があった。しかし、予期せぬ事件が流れを変えた。司令塔を失ったコルチャーク軍の部隊が、「政治センター」支持派の捕虜を虐殺したのだ。自らの決断で愚かにも、軍と政府、両方の権力を手放してしまった、つまり、下野を急ぎ過ぎたことが、コルチャーク自身の結末を決定づけた、とモーズリーは言う。

以下、フレミングの記述を中心にして、尋問の様子を再現してみる。

尋問を行う臨時査問委員会のメンバー五人はいずれも、「政治センター」の施政下で任命された顔ぶれで、二人がエスエル、二人がボリシェヴィキ、一人がメンシェヴィキという超党派だったが、現地の権力を掌握したばかりのイルクーツク軍事革命委員会は異論を挟まず、そのまま追認した。党派混成の委員会であったことが、かえってコルチャークの口を滑らかにしたようだと、臨時査問委副議長ポポフ（ボリシェヴィキ）は振り返る。

「あなたはコルチャーク提督ですね？」

尋問がはじまったのは一月二一日だった。四六歳であること、南ロシアを脱出した戸籍上の妻と九歳の息子がフランスにいること、全ロシア政府の最高統裁官であったことなどが型どおり確認された。

ポポフは事実上の妻アンナ・チミリョーヴァについて尋ねた。アンナはコルチャーク拘束時に自発的に身柄を差し出しており、同じように拘束されていた。

「あなたとの関係は？」

「彼女は長年の知り合いだ。オムスクに住み、病気やケガの兵士たちに肌着を支給したりして活動をしている。オムスクに最後まで残った。軍事的状況から私がオムスクを去る時、一緒に汽車に乗った。私がチェコ軍団に拘束される朝まで彼女は同じ車両の中にいた。私が彼女と運命を共にしようと望んだ」

コルチャークは「政治センター」に引き渡される前、すでに金塊列車の最高統裁官用車両からチェコ軍団が管理する別列車の二等席に移され、監視下に置かれたため、アンナとはそれきりになっていた。

ポポフはあらためて訊いた。

「言ってください、提督、アンナはあなたの『慣習法上の妻』じゃありませんか。我々は、こうした事実婚の権利を持っているのですよね？」

当時のロシアでは、戦乱で多くの夫婦関係が破綻していた。配偶者が行方知れずで生死すら不明な男女が珍しくなく、離婚できず、再婚もままならない。そうした現実を直視し、法によらない事実婚も認めようというボリシェヴィキの新しい道徳観を、ポポフはコルチャークにも肯定させたかったが、提督はしぶしぶ「いや」とだけ答えた。尋問は九日間を費やしてまだ終わりそうになかった。

コルチャークの処刑に至る経緯を巡っては研究者の間に見解の相違がある。

「最高司令官奪還を狙うカッペリ兵団のイルクーツク接近が伝えられ、軍事革命委員会はコルチャークをこれ以上生かしておくのは危険だと判断した……」というのがフレミングの見方だ。処刑の現地独断説に立つのはモーズリーも同じで、「コルチャークをモスクワで裁く計画が練られたが、赤軍本隊はまだイルクーツクには遠く、その間には白軍がいた。……レーニンは、コルチャークを〔現地では〕殺すな、と命令していた。……コルチャークがイルクーツクで処刑されたあと、レーニンはその事実を秘密にした」。一方、麻田雅文によれば、「レーニンは、赤軍の到着前に、あたかも地元の党機関の独断でコルチャークを処刑したように見せかけるよう指示して」いた。

処刑の方法は、山内封介がウラジオストクで伝え聞いたような、リンチまがいのものではなかった。

二月七日深夜、コルチャークは、オムスク政府の首相ヴィクトル・ペペリャエフとともに、極寒のアンガラ川河畔に引き出された。そこには銃殺隊が待っていた。ロシア正教会の司祭が臨終の者に授ける最後の秘跡を二人に施した。コルチャークは銃殺隊長に語りかけ、「パリの妻ソフィアへ、息子に祝福あれ、と伝えてくれたらうれしいのだが」と頼んだ。隊長は「忘れなければな……」と素っ気なかった。目撃者によれば、コルチャークは終始落ち着き払っていたという。隊長の命令で銃が火を噴き、二人は倒れた。死体は斜面から蹴り落され、凍った川の氷の下に投棄された――。

ロシア各地で戦った主な白軍司令官のうち、敵に捕まり、処刑されたのはコルチャークだけだ。イルクーツクの鉄格子のなかにひとり残されたアンナはラーゲリに送られ、生き地獄を体験することになった。

歴史作家グザーノフは、イルクーツク軍事革命委員会布告第二七号（一九二〇年二月六日付）を踏まえて、「〔尋問の〕全過程を通じて臨時査問委は、白衛軍が捕獲したとされるロシアの金準備用金塊については、コルチャーク提督になにひとつ質問をしていないのである。なぜだろうか」と問いかけている。「臨時査問委メンバーたちが、賢明にして誠実な人間として」コルチャークを捉え、そんな人物が「誰とどのように金塊を山分けするか、どこの国にその保管を託すかなどと考えるはずがないとわかっていた」ので、あえて尋ねなかったのではないか、と擁護している。

コルチャークの名誉を回復する運動は、一説によると、ソ連崩壊後しばらくして始まり、地方軍事法廷、ロシア連邦最高裁判所、憲法裁判所などに段階的に訴えが出されてきた。かつての施政者ボリシェヴィキを敵に回したことがコルチャークの罪ならば、名誉回復はいずれにせよ時間の問題だろう。「殺すなかれ」の戒律を学び損ねた元神学徒スターリンが、人類史上例を見ない粛清の嵐で人民を黙らせ続けた大罪とは、比べようもないからだ。

モニュメント好きな国柄らしく、法的な名誉回復を待たず、コルチャークゆかりの土地数ヶ所に記念プレートができているというが、サンクトペテルブルクのそれは二〇一七年、裁判所の決定により取り外された。歴史の見直しはロシアでも一直線には進まない。

イルクーツクには銅像が建てられた。公表されている写真で確認する限り、堂々たる構えだ。すでに街の新名所扱いで、ツアー客向けの市内観光ルートに組み込まれている。ところが、取材コーディネーターの木村邦生によると、資金を提供した人物が問題だった。二〇〇〇年代に街で幅を利かせていた実業家なのだが、驚いたことに殺人容疑で指名手配されてしまった。事件の真相は不明だが、銅像建立を面白く思わない市民は、「犯罪者が犯罪者の記念碑を建てた」と揶揄しているという。

それにしても、墓さえ許されなかった終焉の地に、どうして銅像が建てられたのだろう。見果てぬ夢に終わったコルチャーク政府の遷都先だったからか。あるいは、拘束中のコルチャークを救出に向かう途上、凍傷死したカッペリ将軍の亡骸が、一時イルクーツクに改葬されていたことと繋がりがあるのか――。

答はずいぶんプライベートなところにあった。戸籍上の妻ソフィアと結ばれた街こそイルクーツクだったのだ。一九〇四年三月のことだというから、日露戦争の火ぶたはもう切って落とされていた。

おわりに

　ロシア自由民主党の創設者であるジリノフスキーは、八方破れの言動でその名を海外にも轟かせてきた筋金入りのナショナリストだ。そのジリノフスキー下院議員が、国会でロシア内戦期の金塊問題を取り上げたことがある。二〇〇二年のことだ。日米英に対して返還要求を突きつけるよう、一期目のプーチン大統領に迫ったが拒否された。「はじめに」で触れたように、日露賢人会議の期間中、ボオス下院副議長の〝場外発言〟が飛び出すのはその二年後だ。ボオスの念頭にはおそらく、先のジリノフスキー質問があったのだろう。以降、ロシア国内の公の場で要人がこの手の話に言及したとの報道には出会っていない。

　一方、ラティシェフによると、ジリノフスキー質問よりも早い一九九六年、エリツィン政権を長く支えたチェルノムイルジン首相が訪問先のフランスで、ロシア連邦政府を代表して、「皇帝の借金」を海外の債権者たちに弁償する用意がある、と正式に表明していた。だからといって、当時の日本政府が色めき立ったわけではなさそうだ。ソヴィエト共産党一党独裁政権の崩壊後もそれ以前も、日本の対ロシア政策は基本的に一貫しており、「北方領土問題の解決を前提とした平和条約の締結」を最優先の外交目標にしてきた。その大方針を一時的にせよ脇において、チェルノムイルジンの表明に果たして何らかのボールを投げ返せたか、といえばそうは思えないし、現在もなお難しい。

こうして見てくると、「ロマノフの消えた金塊」問題を、いまさら国際政治の場で蒸し返したところで、日本とロシア、どちらにとっても、まったく建設的でない気がするのだがどうだろう。未来志向で考えるなら、シベリア出兵の一〇〇年後を生きるわれわれが、長い日露関係史のなかでもとりわけ異彩を放つひとこまを、曇りのない史実としてありのまま次の世代に語り継いでゆけばそれでいいのだと思う。

あえて言うまでもないが、本書の執筆をはじめてから、何度も壁にぶつかった。その都度、自分の力量不足を呪ったし、専門の研究者でもない身で、大それたテーマに挑んでしまったことを悔やみもした。しかし、壁に阻まれるたび、行く手を照らしてくれる一次史料、二次史料にどうにか巡り合うことができた。それは、ネット領域を含めて、進展著しい昨今の公的な情報公開の果実というべきものに違いない。ひたすらオープンソースに頼って最後まで綴り終えたいま、関係機関の地道な取り組みに敬意を表しつつ、執筆環境に恵まれた時代の幸運を噛みしめている。

本書の主題は、かつて手掛けたあるドキュメンタリー番組の取材過程で見出したものだ。いつの日か独立した番組に仕立てたいと自分のポケットで温めてきたものの、テレビを取り巻く環境がその後大きく変わったこともあり、結局は日の目を見なかった。映像と活字、メディアは違っても、ようやくこうして拙論を世に問う機会に巡りあわせた。読者諸賢の忌憚のないご批評を仰ぎたい。

最後になったが、本書の出版にあたっては多くの方々から様々に助けられた。特に、東洋書店新社の岩田悟氏にはひとかたならずお世話になった。また、長年の友情に甘え、木村邦生氏にも大きな支援をいただいた。心から感謝申し上げたい。

二〇一九年一一月末日

著者

［参考文献］

・アジア歴史資料センター（国立公文書館、外務省外交史料館、防衛省防衛研究所）
・神戸大学付属図書館デジタル・アーカイブ
・国立国会図書館デジタル・コレクション
・帝国議会会議録（国立国会図書館）

・麻田雅文『シベリア出兵――近代日本の忘れられた七年戦争』中公新書、二〇一六年
・ゼー・ヴェ・アトラス『ソ聯邦貨幣流通史研究　1917―1925』東亜研究所、一九四三年
・池田嘉郎『ロシア革命――破局の8か月』岩波新書、二〇一七年
・井竿富雄「尼港事件・オホーツク事件損害に対する再救恤、一九二六年」『山口県立大学学術情報（三号）』山口県立大学、二〇一〇年
・井竿富雄「尼港事件と日本社会、一九二〇年」『山口県立大学学術情報（二号）』山口県立大学、二〇〇九年
・石原友一郎『西比利政局の真相』東京堂書店、一九二一年
・井澗裕「アジテーター市川與一郎と「物語」としての尼港事件」『境界研究（特別号）』北海道大学スラブ・ユーラシア研究センター、二〇一三年
・井上亮『天皇の戦争宝庫――知られざる皇居の靖国「御府」』ちくま新書、二〇一七年

・魚住昭「内閣『官房機密費』のナゾ～その起源にさかのぼってみたら…」二〇一六年（http://gendai.ismedia.jp/articles/-/50161）
・大井孝『欧州の国際関係1919―1946――フランス外交の視角から』たちばな出版、二〇〇八年
・大河内一雄『国策会社・東洋拓殖の終焉』績文堂出版、一九九一年
・大野芳『特務艦「宗谷」の昭和史』新潮社、二〇〇九年
・大林高士「ロマノフ王朝金塊（第1―5弾）」一九九九年（http://kokusai-tokyo.co.jp/newsland/romanofu/1~5.html）
・海軍砲術学校「『大泊』と『中華丸』」二〇一一年（http://navgunschl2.sakura.ne.jp/photo/ohdomari/ohdomari.html）
・川上親孝編『問題の田中山梨両大将に絡る奇怪な機密費　第一巻』私家版、一九二六年
・木村愛二『読売新聞・歴史検証』汐文社、一九九六年
・ヴィターリー・グザーノフ『ロシアのサムライ――日露の歴史をあやなすモザイクの世界』左近毅訳、元就出版社、二〇〇一年
・隈部守『尼港事変と島田元太郎』文芸社、二〇一三年
・黒川智子・松田忍「鈴木荘六「西比利亜日記」（一）」『学苑（九一一号）』昭和女子大学近代文化研究所、二〇一六年
・J・M・ケインズ『ケインズ説得論集』山岡洋一訳、日本経済新聞出版社、二〇一〇年
・ダリア・ケジナ「皇帝一家殺害に残された謎」ロシアNOW、二〇一四年（https://jp.rbth.com/travel/2014/06/10/

48677 二〇一七年五月一日閲覧)
・小泉輝三朗『大正犯罪史正談』大学書房、一九五五年
・越澤明『哈爾浜の都市計画』ちくま学芸文庫、二〇〇四年
・児島襄『平和の失速――大正時代とシベリア出兵（七）、（八）』文春文庫、一九九五年
・マリア・コジリコワ「コルチャーク提督、ロシアの愛国者か、はたまた国賊か?」ロシアの声、二〇一四年
(https://jp.sputniknews.com/japanese.ruvr.ru/2014_10_02/278097663/)
・斎藤聖二『国際政治（九七号）』「日本海軍によるロシア金塊の輸送１９１６・17年 抄録」日本国際政治学会、
一九九一年（https://www.jstage.jst.go.jp/article/kokusaiseiji1957/1991/97/1991_97_154/_article/-char/en)
・沢田和彦「資料解題 日本における白系ロシア人史の断章――プーシキン没後１００年祭（１９３７年、東京）」
『スラブ研究(四七号)』北海道大学スラブ研究センター、二〇〇〇年
・清水國治『満洲駐屯守備兵の思ひ出』遼東新報出版部、一九二四年
・白鳥正明『シベリア出兵90年と金塊疑惑』（ユーラシア・ブックレット１４１）東洋書店、二〇〇九年
・末光高義『支那の秘密結社と慈善結社』満洲評論社、一九三二年
・高島米吉、高島真編著『シベリア出兵従軍記』無明舎出版、二〇〇四年
・高橋治『派兵（第一部）、（第二部）』朝日新聞社、一九七三年
・竹中労『断影 大杉栄』ちくま文庫、二〇〇〇年

・多田井喜生『大陸に渡った円の興亡（上・下）』東洋経済新報社、一九九七年
・千谷道雄『死の航跡』北洋社、一九七七年
・出口京太郎『巨人　出口王仁三郎』講談社、一九六七年
・徳山あすか「革命から一〇〇年：知られざる亡命者が日本に残してくれたもの」スプートニク、二〇一七年（https://jp.sputniknews.com/opinion/201702283382731/）
・M・トケイヤー、M・シュオーツ『河豚計画』加藤明彦訳、日本ブリタニカ、一九七九年
・富田俊基『国債の歴史──金利に凝縮された過去と未来』東洋経済新報社、二〇〇六年
・中嶋毅『両大戦間期ハルビンにおけるロシア人社会の歴史的位相』科学研究費補助金（基盤研究C）研究成果報告書、二〇〇九年
・中薗英助『鳥居龍蔵伝──アジアを走破した人類学者』岩波現代文庫、二〇〇五年
・中村靖『帝政ロシア・ソ連・現代ロシアの金融統計の発展』一橋大学経済研究所ロシア研究センター、二〇一六年
・バールィシェフ　エドワルド「第一次世界大戦期における日露接近の背景──文明論を中心として」『スラブ研究（五二号）』北海道大学スラブ研究センター、二〇〇五年
・バールィシェフ　エドワルド『日露皇室外交』（ユーラシア文庫4）群像社、二〇一六年
・橋本哲哉「講演会報告要旨「浦潮日報」と在留日本人の足跡」函館日ロ交流史研究会（http://hakodate-russia.com/main/book/book-2011/2011-02.html）
・原暉之、酒井哲哉、中見立夫『黒木親慶文書の研究』科学研究費補助金（総合A）研究成果報告書、一九九九年

・原暉之「シベリア出兵の終結――沿海州のソヴェト化と日本の撤退 一九二二年」ロシア史研究会二〇〇八年度報告ペーパー
・原暉之『ウラジオストク物語』三省堂、一九九八年
・原暉之『シベリア出兵――革命と干渉 1917～1922』三省堂、一九八九年。
・長谷川僚太郎『女スパイ シベリアお菊』文芸社、二〇〇六年
・樋口季一郎『アッツ・キスカ軍司令官の回想録』芙蓉書房、一九七一年
・A・C・ブラックマン『東京裁判――もう一つのニュルンベルク』日暮吉延訳、時事通信社、一九九一年
・アレクサンドル・ブラテルスキー「ロシアは金をどこに隠す」ロシアNOW、二〇一七年（http://jp.rbth.com/business/2017/02/03/694111）
・A・ベルクマン『クロンシュタットの叛逆』小池英三訳、麦社、一九六九年
・細谷千博「シベリア出兵の序曲」『法学研究（八号）』一橋大学、一九七二年
・マーリヤ大公女『最後のロシア大公女マーリヤ――革命下のロマノフ王家』平岡緑訳、中公文庫、一九八七年
・毎日新聞社『第1次世界大戦 1914―1919――二つの全体主義・総力戦とロシア革命』毎日ムック シリーズ二〇世紀の記憶、毎日新聞社、一九九九年
・松本清張『昭和史発掘（一）』文春文庫、一九七八年
・宮本常一ほか監修『日本残酷物語（5）近代の暗黒』平凡社ライブラリー、一九九五年
・望月恒子「詩人ネスメーロフのウラジオストク生活と亡命」『境界研究（特別号）』北海道大学スラブ・ユーラシ

ア研究センター、二〇一三年
・山口昌男『「敗者」の精神史（上）』岩波現代文庫、二〇〇五年
・山内封介『シベリヤ秘史』日本評論社、一九二三年
・米山隆夫『黄金王の死』時事出版社、一九二一年
・ラティシェフ『ロシア金塊の行方・シベリア出兵と銀行』伊集院俊隆、井戸口博訳、新読書社、一九九七年
・渡辺克義『物語　ポーランドの歴史──東欧の「大国」の苦難と再生』中公新書、二〇一七年

・Budnitskii, Oleg. "Kolchak's Gold: The End of a Legend", 2014 (http://russiasgreatwar.org/media/international/kolchaks.shtml).
・Fleming, Peter. The Fate of Admiral Kolchak. Birlinn Limited, 2001.
・Mawdsley, Evan. The Russian Civil War. Birlinn Limited, 2017.
・Stephan, John J. The Russian Far East: a history. Stanford University Press, 1994.
・Ахметова, Г.Л. Великий Сибирский Ледяной поход. Анализ материалов. — М.: А-Литера, 2011 (https://great-ice-march.livejournal.com/3507.html).

な行

は行

ま行

や、ら行

さくいん・人名編

あ行

か行

さ行

た行

な行

は行

ま、や、ら行

さ行

た行

さくいん・事項編

あ行

か行

［著者］
上杉一紀（うえすぎ・かずのり）
1953年札幌生まれ。早稲田大学法学部卒。北海道テレビ放送入社。主に報道畑を歩き、ニュース、ドキュメンタリーの制作にあたる。旧ソ連の閉鎖都市ウラジオストクを西側テレビ記者として初取材。マニラ特派員（ANN系列）、報道部長、取締役、映像制作会社代表等を務めた。著書に『ロシアにアメリカを建てた男』（旬報社）、番組に「霧の日記〜アリューシャンからの伝言」（日本民間放送連盟賞テレビ教養部門最優秀作）ほか。

ロマノフの消えた金塊

著　者　上杉 一紀

2019年12月15日　初版第1刷発行

発行人　揖斐 憲
発　行　東洋書店新社
〒150-0043 東京都渋谷区道玄坂1-22-7 道玄坂ピアビル5F
電話 03-6416-0170　FAX 03-3461-7141

発　売　垣内出版株式会社
〒158-0098 東京都世田谷区上用賀6-16-17
電話 03-3428-7623　FAX 03-3428-7625

装　丁　伊藤拓希
印刷・製本　中央精版印刷株式会社

落丁・乱丁の際はお取り替えいたします。定価はカバーに表示してあります。

ISBN978-4-7734-2035-7